特別支援がガラッと変わる

「見取りの
モノサシ」

応用行動分析学はじめの一歩

渡辺道治

JN200769

☀ 学芸みらい社

はじめに

「なぜ○○くんは暴力を振るい続けるのか」

「何度注意しても立ち歩きをやめないんです」

「毎日泣き叫んで教室に入ることができなくて」

全国各地の学校や家庭から、私のところに毎日のように相談や質問の連絡が入ります。

パニック、フリーズ、かんしゃく、暴力、暴言、立ち歩き、行き渋り…。

いわゆる「不適応行動」とよばれる諸々のケースへの対応に、全国の先生方や保護者の方々が苦慮されていることが伝わってきます。

不適応行動は、ごくシンプルに言えば「行動の一つ」と捉えることができます。

「大好きなマンガを読む」も行動ですし、「居酒屋で上司の愚痴を言う」も行動ですし、「泣き叫んで教室に入らない」も行動です。

その行動がその場の枠組みにうまく収まらない時に、「不適応」という冠がつくのです。

「マンガを読む」こと自体はシンプルな行動ですが、それがふさわしくない状況で発生した時に不適応（不適切）となるのは、子どもに限ったことではなく大人でも同じですね。

例えば、結婚式で新婦が涙ながらに手紙を読み上げている時、お葬式でお坊さんの読経が始まった時、メダリストとして表彰

台に上がった時など。

　仮に、これらの場面でマンガを読んでいたら例外なく「何してるんだ！」となるはずです。

　このように考えると、「行動そのものが悪い」というより、その場における枠組みが「不適応か否か」を分けているケースが山ほどあることが分かってきます。

　ちなみに私も学生時代に、授業中マンガをこっそり読んでいて、それが先生にバレてこっぴどく叱られた経験があります。

　家で読んでいる分には怒られないのに、学校で授業中に読んでいると怒られるのです。

　では、なぜ人はマンガを読むのでしょうか。

　なぜ、居酒屋で上司の愚痴を言うのでしょうか。

　なぜ、泣き叫んで教室に入らない状態を続けるのでしょうか。

　当たり前のように我々の目の前に存在する「行動」を正しく捉えるためには、「行動への理解」が必要です。

　そして、行動への理解が深まると、一つひとつの行動の原因やパターン、効果的な対応法などが見えてきます。

　私はこれを「見取りのモノサシ」と呼んでいます。

　全国各地から、たくさんの相談や質問が私に寄せられるのは、「見取りのモノサシ」がまだ国内において広まっていないことを示しています。

　そして、この「見取りのモノサシ」を手に入れたことによって、

「私も子どもも本当に救われました」

　「毎日お守りのように使っています」

　「苦しかった日々が今では嘘のようです」

　という声が続々寄せられていることが、本書を発刊するきっかけとなりました。

　もちろん、学校教育に関わる方々だけでなく、「愚痴を言い続ける同僚」や「場の状況を読まずにマンガを読み始める友人」に頭を悩ませている方など、様々なケースで本書は活用可能です。

　なぜならば、「行動」は私たちの身の回りにあふれているからです。

　あなたを悩ませている「誰かの行動」を正しく見取るためのモノサシを、本書を通じて手に入れてみてください。

教え方の学校・主宰　渡辺道治

第一章

子どもの行動の思いがけない理由

ある日、私のラジオチャンネルに次のような質問が寄せられました。

原文ママで紹介します。

●私は、3歳1か月の男児の父親です。息子の行動にどう対応すればいいかがわからず、困っています。渡辺先生はこれまで、どのようなことを意識して育児をされていたのか教えてください。

●母親をたたきます。母親が静かに真剣に「痛いよ。ママは悲しいよ。」と言うと「ごめんなさい」と本人は言います。しかし、そのあと、またたたきます。母親が再び静かに真剣に「たたかれて痛いよ。ママは悲しいよ。」といいます。本人はまた謝ります。しかし、謝りながら母親の眼鏡をはずしていたずらを続けます・・・この繰り返しです。本人は悪いことをしたと思っている感じもします。思わずやってしまったという感じです。笑っているわけではないのですが、本人は笑顔を作っている感じです。苦笑いというか…。「どうしたの？もっと遊びたかったの？」と聞いても、たたきます。どうすればいいのかわからなくなりました。

●そもそも、注意喚起行動なのか、要求行動なのか、判断できませんでした。本人のモヤモヤに気づきたいです。今後ですが、①夫婦間で価値観を統一していく ②叱ることは短くスパっと叱る ③本人のモヤモヤに気づく努力をする ④たくさん遊んで解放させる というところを意識して

いるところです。　渡辺先生であれば、どのように対応されますか？気づく点などあれば教えてください。

福岡県にお住まいのリスナー、ラジオネーム「ジャンタイ」さんからの質問でした。

この段階で、私はジャンタイさんに会ったことはありません。

知っているのは、「福岡県にお住まいのジャンタイさん」という情報だけ。

息子さんのお名前も奥さんの顔も、もちろん知りません。

当時、私は北海道の自宅でこのメッセージを読みましたから、距離にすると 2000km 以上離れた場所から届いた質問ということになります。

では、皆さんが、このラジオチャンネルのパーソナリティだったとしたら。

一体、どのような回答をジャンタイさんに送るでしょうか。

実際に回答を考えてから、次のページに進んでみてください。

読者の皆さんが考えたように、私もジャンタイさんへの回答を考えました。

ちなみに、この放送回には全部で 100 以上の質問が寄せられ、それに私が次々と答えていくという内容であったため、考える時間はごく僅かでした。

野球の「千本ノック」のような感じで、次々飛んでくる質問を受けてはどんどん返答をするというスタイルの放送回です。

その時も一読してから、一呼吸おいてすぐさま回答の収録を始めました。

時間にして、およそ5分ほど。

　私は、ジャンタイさんへの回答をマイクに向かってしゃべり続けました。

　頭に思い描いたのは、メッセージにあった「3歳1か月のお子さんの姿」です。

　前もって原稿などを書いたわけではなく、その男の子とご両親の姿を想いながらノンストップでしゃべり続けました。

　その音声は、海を越え遥か2000km以上離れたジャンタイさんの元へと届きました。

　それから約1か月半後。

　私は、講演会のために九州は佐賀県を訪れました。

　参加者の中には、なんとジャンタイさんの姿が。

　隣の福岡県から車を飛ばして駆けつけてこられたのです。

　「はじめまして！」と力強く挨拶と握手を交わした後、ジャンタイさんは熱を込めて次のように伝えてくれました。

　びっくりしました。

　放送で教えてもらったことを、妻と一緒に家で試してみたんです。

　すると、息子の「母親をたたく行動」がピタリと治まりました。

　本当に驚きました。

　心を込めて回答を送って下さり、本当にありがとうございました。

　ジャンタイさんは本当に嬉しそうに、繰り返し感謝の言葉を伝えてくれました。

これは 2024 年の夏に起きた実際の出来事です。

その時の放送は、私のラジオチャンネルで聞けますから、興味のある方はぜひ聞いてみてください（QR からその放送回へと飛べます）。

では、その時に実際に私がどのように回答をお話ししたのか。

約 5 分間の回答を「文字起こし」したものを以下に掲載します。

実際のラジオを聴いているイメージで読み進めてみてください（下線は、本書にとってとても大切な部分となるので私が引いておきました）。

うん。これはね、そうだな、まず「注意喚起行動なのか要求行動なのか」っていう風にしてもう既に当たりをつけようとしてる時点で、この前の僕の特別支援の放送回は聞いてくれてるんじゃないかなと思うわけですね。

この 4 つある行動の機能のうちね、子どもにとって最も強い動機付けになるのはどれだかご存知でしょうか？ここ結構重要なんですよ。それは要求なのか注意喚起なのか自己刺激なのか逃避なのか、最も強い動機付けは 4 つのうちどれかって言ったらですね、それはお医者さんが言ってるんですけども、それは何かって言ったら「注意喚起行動」なんですよ。なぜかというと、子どもってそもそもね、脆弱な生き物というか自分 1 人では生きていけない社会的生物ですよね。お父さんとお母さんがいないなら、ジャンタイさんのお子さんは生きていくことができませんね。だから、子どもたちが生きてくために本能として知っているの

は、自分に対する注意喚起が成されていなければ自分の命は危うくなるっていうことを意識するしないに関わらず本能で知っているわけです。

　だから、あの手この手を使って自分に注目を引こう、集めようとするわけですね。だから、最も強い動機付けは注意喚起なんだってことをまず知っておいた方がいいです。この前提ですね。僕は今このメッセージを読ませてもらった中ですごく気になったのは、息子さんがお母さんを叩いた後に、お母さんが真剣に「痛いよ、ママ悲しいよ」って言うんですね。

　ここがすごく気になりました。うん。僕だったならば、お母さんっていう何よりもその子にとってのご褒美を離すと思いますね。叩いたならば。ちょっと冷たく聞こえるかもしれませんが、これは行動分析学に基づいたものなので多少の「消去バースト」といって最初は泣き喚いたりするかもしれませんが、今度ちょっと僕が言ったことを一度実験してみてください。どうやってやるかって言ったらですね、今度お母さんを例えば叩いた時に、お母さんに外出なり他の部屋に行ってもらうなりして、お子さんからお母さんを離してみてください。一切何も言わずに、です。できればお父さんもそこにいると思うんですけど取り合わない。

　つまり、何の刺激も入らない状態を一度作ってみてください。そしたら、もしかしたらお母さんが出ていってお子

さんは泣くかもしれないですし、「お母さんお母さん！」っ
て言うかもしれないですけども、完全な無視っていうより
も、「しょうがないからね」「仕方ない、だって叩いちゃっ
たからね」みたいなっていう感じで、できるだけ淡々と、
強くというわけじゃなくて淡々と関わってください。例え
ば、その子がギャーって泣いちゃったとしても、それはしょ
うがないわけですね。ギャーって泣いて落ち着いてきた
とするならば、落ち着いてきたところで例えばお母さんが
戻ってきて、落ち着いてるそのお子さんをギュッと抱きし
めるみたいな感じです。

　例えば、またそれで叩いたとしたら、今度はさっきより
も長めにちょっと離れてみてください。分かります？　時
間が少しずつ長くなってたり、そのこと（ママを叩く）を
してるうちに何が起きるかって言ったら、今までだったら
叩いたらお母さんが向き合ってくれて、自分を見てくれ
るっていうものだったとして、叩いたらお母さんがいなく
なって、自分に関わってもらえなくなるっていうことが、
分かるわけですね。

　当然それは嫌なわけなので、そうじゃなくって、例えば
何かしてほしいことがあったら言葉で「こんなふうにして」
「ギューをして」とかね、「一緒に遊んで」とかっていうふ
うに言うんだよみたいな感じで、もしそれができた時には
もう高い高いでもいいしギューでもいいし、美味しい食べ
物でも何でもいいんですけどもそこに強化刺激を強く入れ
てあげてくださいということです。

僕はこのメッセージを読む限り、叩いたらお母さんが見てくれて僕と話をしてくれるっていうそれを学んでるんじゃないかなっていうことを感じました。なぜかと言うならば、そう、最も強い動機付けになるのが注意喚起行動だからです。そういう風になってる可能性がありますね。この話をもっと理解するためには「メリットの法則」って本が奥田健次さんの本であるんですけども、その最初の5ページぐらい読んでもらえたら、今言ってる意味が分かると思います。

　行動の後に何が起きたかっていうのをまず覚えてください。そしてね、もう一つ言うならば、行動の前に叩く前に何があったのかっていうのも知っておくと、息子さんの何かモヤモヤのところの正体がつかめてくる可能性があると思います。なのでね、僕だったらばそうやって叩いたとするならば、一番のご褒美というかね、一番の愛の存在である最愛のお母さんがそこからいなくなるっていうことを経験させると思いますね。あるいは、息子さんを例えば別の部屋に連れて行って、なんか「何もしゃべらないお父さんとただただその部屋にいる」「10分間クールダウン」みたいな感じ。お父さんもその時できるだけ関わらないでください。

　注意喚起が最も強い動機付けなんだから、自分に注目が集まらなくなるのは本当に嫌なんです。でも実際に社会生活の中ではそうやって他人に危害を加えた場合は、離れる

どころじゃなくって、もう一緒に暮らすことすらできなくなるわけですから。その子のことを思ったら僕はできるんじゃないかなと思いますね。詳しくは「メリットの法則」って本の最初の5ページあたりを読んでもらえたら分かると思います。

　続きまして、「中学2年生の担任をしています。クラスにいる女子生徒についての質問です…」（質問に対する回答の放送が続く）

■ 見取りのモノサシとは

　私とジャンタイさんのやり取りを読んで、どのように感じたでしょうか。
　「行動の機能って？」
　「要求、注意喚起、自己刺激、逃避…？」
　「なぜお母さんが離れると子どもの暴力が治まるの？」
　もし、上のような「？」が一つでも浮かんだとしたら、本書を読み終えるころにはスッキリとそれらの疑問が解消しているはずです。
　反対に、私とジャンタイさんのやり取りの中身が良く分かるという方は、きっと行動分析学について少なからず学んでこられてきた経験があるのではないでしょうか。
　そう、今回紹介する「見取りのモノサシ」のベースとなっているのは、「行動分析学」とよばれる学問の知見に基づくものです。

私は、学校教育の現場で約20年間勤める中で、この行動分析学に出会いました。

　そして、この学問の知見に何度も救われてきました。

　救われたのは、私自身というより「目の前の子どもたちが」といった方がふさわしいです。

　多くの先生方や保護者の方々が対応に頭を悩ませる子どもたちの姿を、これまで私は学校現場で幾度となく目にしてきました。

　その姿を見るたびに感じていたのは、苦しんでいるのは先生方や保護者だけでなく「子どもたちもまた同じである」ということです。

　感情のコントロールができなかったり、毎回のように暴れたり泣き叫んだりする子どもたちは、とても苦しそうに日々を生きていました。

　本来ならば、人は誰しも愛されたいし、認められたいし、励まされたいはずです。

　そういう風に生きていきたいと、心の奥底では願っているはずです。

　学校や家庭で荒れる子どもたちも、本当は愛や承認を多くの人から受けながら生きたいはずなのに、それがいつもできずに苦しんでいるように私の目には映りました。

　だからこそ、そのように「荒れたクラス」や「対応が難しい子どもたち」を私は毎年進んで担任するようにしてきました。

　そして、「見取りのモノサシ」を使いつつ、対応を工夫していったのです。

　子どもたちは、日を追うごとにみるみる変わっていきました。

　暴言や暴力ではなく、ふさわしい対応が自分で選択できるよ

うになりました。

　かんしゃくやパニックを起こしても、自分で落ち着きを取り戻せるようになりました。

　場面緘黙（かんもく）の子がどんどんとコミュニケーションが取れるようになったり、不登校状態が数年続いていた子が楽しそうに登校できるようにもなったりしました。

　そうした変容の姿をひと目見たいと、全国各地からたくさんの方々が教室を参観に来られるようになりました。

　今では、これらの経験を活かして、全国だけでなく世界中の子どもたちや先生方、あるいは保護者の方々に講演やセミナーを行うようになったのです。

　先のジャンタイさんとのやり取りは、こうした歴史の積み重ねの上に起きた出来事です。

2000km 以上離れた見ず知らずの方にラジオでアドバイスをして、当事者の方々が驚くような変化が見られた

のは、ひとえに私自身が行動分析学による「見取りのモノサシ」を手に入れて、いろんな場面で活用・応用してきたからなのです。

　ごく簡単に言えば、見取りのモノサシを獲得すると、今まで「見えなかった世界」が見えるようになります。

　ちょうど、野球解説者が「わずか一球」の意味や効果を詳細に語れることと似ています。

　「さきほどのインコース低めへの変化球が生きました

ね。」

「あのコースに投げるには相当な度胸とコントロール技術が必要です。」

「よほど普段からしっかりと投げ込んでいる自信のある球種なんでしょう。」

解説者たちは、豊富な野球の経験と知識を獲得しているからこそ、こうした「見えない世界」が「見える」のです。

見える世界には、わずか一つの「白いボール」が存在するだけ。

でも、見える人には、「投手の心の動き」や「日々の練習風景」や「過去の成功体験」までが見えるようになります。

「見取りのモノサシ」を手に入れると、「パニック」や「暴力」という見える世界だけではなく、「その背景」や「その先の未来」などが見えるようになるということです。

■ 増やしたい行動・減らしたい行動

行動分析学は、簡単に言えば「行動の問題を解決するための学問」です。

人は、朝起きてから寝るまでの間に、山ほどの選択や決断をして行動を起こします。

ケンブリッジ大学のバーバラ・サハキアン教授の研究によれば、人は、行動を起こすにあたり 1 日に約 3 万 5,000 回もの選択や決断をしているそうです。

●出かける前に何を着るか
●朝食に何を食べるか

- 何分の電車に乗るか
- どのタイミングで仕事を始めるか
- いつ取引先に電話をするか

こうした選択や決断の上で、我々は「行動」を起こします。

一つひとつの行動が特に社会生活を営む上で支障をおよぼさない限り問題はありませんが、中には、自分や周りにとって「問題」を生み出す行動も存在します。

- 毎朝のように二度寝してしまい、家を出るのがいつもギリギリになる
- タバコをやめたいと思っているのに、中々やめられない
- ダイエットをしていても、間食をやめられない

様々な問題を生み出してしまう行動は、大きく2つのパターンに分かれます。

- 増やしたいのに増やせない
- 減らしたいのに減らせない

全ての行動における問題は、この2つに集約されます。

例えば、他害行動（暴力・暴言）という不適応行動があるケー

スで考えてみましょう。

「暴力や暴言で自分の思いを通そうとする」のは減らしたい行動です。

「適切な言葉で相手に自分の思いを伝える」のが増やしたい行動です。

このケースで、「何度注意しても手が出てしまって…」のように「減らそう」「増やそう」としていることがうまくいかない時に、「悩み」や「苦しみ」が生み出されます。

それは、周りの人にとっても、本人にとっても、です。

一方で、暴力や暴言が無くなっていき、適切な言葉で相手に伝えられるようになれば、このケースにおける問題は解決したといえるでしょう。

そう、行動は「増やすこと」や「減らすこと」が可能なのです。

ここが、見取りのモノサシの第一歩です。

良い行動を増やす

困った行動を減らす

不適応行動が長期化・慢性化している場合は、関係者や本人が「疲れ切って」しまっていることが往々にしてあり、未来への希望を失っているケースも少なくありません。

しかし、繰り返しますが、見取りのモノサシを手に入れて正

しい対応を重ねていけば、増やしたい行動は増やせるし、減らしたい行動は減らせるのです。

　この大前提をまずは自分の中でしっかりと押さえておきましょう。

見取りのモノサシ①
行動は増やすことができるし、減らすことができる

■ 行動が増える時

　望ましい行動を増やしたり、問題のある行動を減らすためには、 ２つの理解が必要です。

　それは、①「行動はどのように増え」、②「行動はどのように減るか」という理解です。

　読者の皆さんも、自分自身のここ数年の行動を振り返ってみれば、「増えた行動」や「減った行動」があるはずです。

　それは、なぜ増えたのでしょうか。

　なぜ、減ったのでしょうか。

　では、まず「行動が増える」ケースから考えていきましょう。

　行動が増えることを、専門用語で「強化」といいます。

　強化とは一般的には「強める」「補強する」などの意味合いで使われますが、行動分析学における強化とは「行動が増えること」を指します。

見取りのモノサシ②
行動が増えることを強化という

　そして、行動が増える時には「行動を増やすモノ」がそこに

存在します。

これを、強化子（きょうかし）と言います。

では、強化子にはどんな種類があるのか。

そのパターンをいくつか見ていきましょう。

●褒められる
●ご褒美をもらう
●楽しい経験をする

「褒められる」と人はいい気分になり、その行動が増えることがあります。

「ご褒美」や「楽しい経験」にも、同じように行動を増やす効果がありますね。

このように、「何らかの報酬」が手に入ることによってプラスの感情の動きが生まれ、その人の行動が強化されるパターンがまず存在します。

この時の「何らかの報酬」が強化子です。

読者の皆さんにとっても、「働いて手に入る給料」や「週末の仲間たちとの一杯」、「大きな仕事を成功させた後の達成感や充実感」など、様々な「仕事における強化子」が存在しているからこそ「働いている」という方がほとんどでしょう。

お金が強化子の場合で言えば、簡単な図にするとこのようになります。

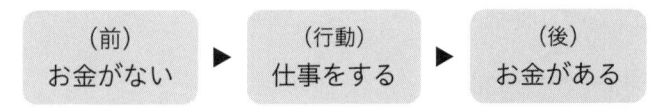

では、強化子は「報酬などのプラスの感情を生み出すもの」ばかりかといえば、実はそうではありません。

　強化子とは純粋に「行動を増やすモノ」という意味ですから、マイナスの感情を生み出しつつその行動が増えるケースも存在します。

　例えば、「エゴサーチ」という言葉をご存じでしょうか。

　エゴサーチとは、自分自身に関する情報をインターネットで検索する行為のことです。

　スマホやSNSが世に広く浸透し、個人に関する情報もインターネット上にたくさん出回る時代になりました。

　その時、「自分の評判がどう書かれているか」が気になって行うのがエゴサーチです。

　以下、『SIRBEE編集部』が全国の男女1732名を対象に行った調査の結果を紹介します。

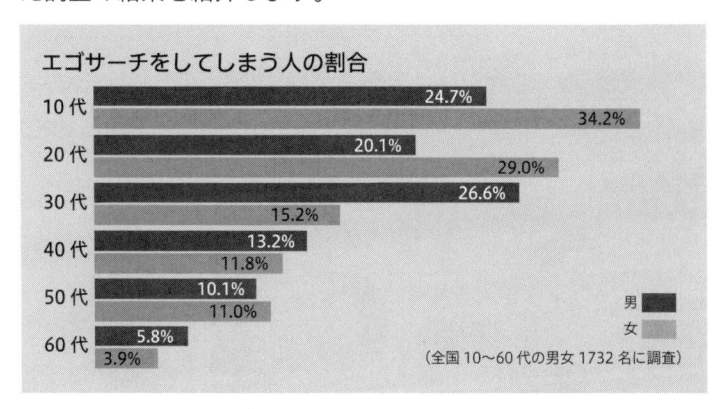

エゴサーチをしてしまう人の割合

	男	女
10代	24.7%	34.2%
20代	20.1%	29.0%
30代	26.6%	15.2%
40代	13.2%	11.8%
50代	10.1%	11.0%
60代	5.8%	3.9%

（全国10〜60代の男女1732名に調査）

　これを見ても、いかに多くの人がエゴサーチを行っているかが分かります。

　ちなみにエゴサーチには、いわれのない誹謗中傷や意図せぬ個人情報などが書かれている場合があり、それらを目にすることで精神的苦痛を受ける弊害が指摘されています。

　それでもなお、多くの人はエゴサーチをしてしまいます。

検索しなければ「見ることのない嫌な情報」を、わざわざ見に行ってしまうのです。

　これは、「エゴサーチをする」という行動を「嫌な情報」が強化しているとみることができます。

（前） 嫌な情報が 見えない	▶	（行動） エゴサーチ する	▶	（後） 嫌な情報が 見える

　繰り返しますが、強化子には純粋に「行動を増やすモノ」という意味があるということを押さえておいてください。

見取りのモノサシ③
行動を増やすモノを強化子という

　「行動が増える際には、強化子が存在する」という一つの原則が見えると、「増やしたい行動があるならばふさわしい強化子を作ればいい」ことが分かってきます。

■ 行動が減る時

　では、次に「行動が減るケース」について見ていきましょう。

　行動が減ることを、専門用語で「弱化」（じゃっか）といいます。

これも一般的な言葉の意味合いとは少し違い、行動分析学においては「行動が減ること」を指します。

見取りのモノサシ④

行動が減ることを弱化という

そして、行動が減る時には「行動を減らすモノ」がそこに存在します。

これを、弱化子と言います。

では、弱化子にはどんな種類があるのか。

そのパターンもいくつか見ていきましょう。

● ペナルティを受ける

● ご褒美が無くなる

● 嫌な経験をする

例えば「はじめに」の中に、私が学生時代に叱られた時の話を書きました。

授業中にこっそりマンガを読んでいたことがバレてしまい、みんなの前でこっぴどく叱られただけでなく、なんとマンガ自体も没収されてしまったのです。

これに懲りた私は、授業中にマンガを読むことをやめました。

ちなみに私にとって強烈なペナルティだったのは、「みんなの前で叱られたこと」よりも「マンガを没収されたこと」「続きが読めなくなること」でした。

（前） 大好きな マンガあり	▶	（行動） 授業中に マンガを読む	▶	（後） 大好きな マンガなし

ペナルティ（罰）が、その行動を減らしていく要因（弱化子）になるケースは他にもたくさんあります。

　スポーツにおける退場処分もそうですし、犯罪行為における罰金刑や懲役刑もそうです。

見取りのモノサシ⑤

行動を減らすモノを弱化子という

　「行動が減る際には、弱化子が存在する」という一つの原則が見えると、「減らしたい行動があるならばふさわしい弱化子を作ればいい」ことが分かってきます。

　一方で、「ペナルティが与えられているのに行動が減らないケースもあるのでは？」と感じた方もいるのではないでしょうか。

　そう、罰があるからといって、必ずしも行動が減るとは限りません。

　むしろ、こちらとしてはペナルティだと思っていることが、その意図とは反対に行動を増やすことに繋がっているケースすら存在します。

　例えば、本章の冒頭で紹介したジャンタイさんの息子さんの例で考えてみましょう。

　お母さんを叩くたびに、「真剣な表情で叱られる」というペ

ナルティがあるにもかかわらず、「叩く」という行動が減らなかったケースです。

　きっとジャンタイさんも奥さんも、「なぜ真剣に注意しているのに叩く行動が減らないのだろう」と思っていたはずです。

　ちなみに、あの質問を読んだ瞬間に私の脳裏には、全く別の因果関係が浮かんでいました。

　再度、私の回答から該当部分だけを引用します。

　僕は今このメッセージを読ませてもらった中ですごく気になったのは、息子さんがお母さんを叩いた後に、お母さんが真剣に「痛いよ、ママ悲しいよ」って言うんですね。

　ここがすごく気になりました。うん。僕だったならば、お母さんっていう何よりのその子にとってのご褒美を離すと思いますね。叩いたならば。

つまりは、こういうことです。

（前） お母さんの 注目なし	▶	（行動） お母さんを 叩く	▶	（後） お母さんの 注目あり

　お母さんからすれば「真剣に叱る」という「弱化子」のつもりでも、息子さんからすれば「ママが自分に注目してくれる」という「強化子」になっているのだろうと推察したのです。

　事実、真剣に叱り続けても「謝りながら母親の眼鏡をはずしていたずらを続けます」のように、効果は無かったとのことでした。

　だからこそ次のように提案したのです。

29

今度ちょっと僕が言ったことを一度実験してみてください。どうやってやるかって言ったらですね、今度お母さんを例えば叩いた時に、お母さんに外出なり他の部屋に行ってもらうなりして、お子さんからお母さんを離してみてください。一切何も言わずに、です。

　つまり、何の刺激も入らない状態を一度作ってみてください。

図に表すと、こうなります。

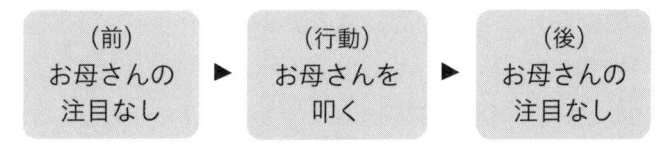

　行動の結果、何の変化も得られない場合も、その行動は減っていきます。

　これを専門的な言葉で「消去」といいます。

見取りのモノサシ⑥

行動の結果、何の変化も得られない行動は減っていく

　「何の結果も得られない行動は減っていく」という一つの原則が見えると、「減らしたい行動があるならば結果を消去することも有効」であることが分かってきます。

■減らしつつ増やしていく

では、ここまでに獲得してきた「見取りのモノサシ」を使い

つつ、一つ演習に取り組んでみましょう。

次のような事例です。

> 5歳の女の子Ａちゃんは、デパートのおもちゃ売り場を通ると「おもちゃ買ってーー！」と大きな声で叫びます。お母さんはＡちゃんに「毎回は買えない」ことを穏やかに伝えますが、残念ながら効果なし。なだめたり、他のことに気をそらそうとすると、Ａちゃんは「買って買ってーーー‼」とさらに火が付いたように叫び続け、時には泣き叫ぶこともあります。周囲の目も気になり仕方なくおもちゃを買ってあげるとＡちゃんはご機嫌になって泣き止みますが、このままでは良くないとお母さんは悩んでいます。

さて、このようなケースでは、どのように対応すればいいのでしょうか。

一度自分で対応策を考えてから、次のページに進んでみてください。

では先ほどまでと同じように、「前」、「行動」、「後」の図に当てはめてみます。

（前）おもちゃなし	▶	（行動）泣き叫ぶ	▶	（後）おもちゃあり

ここでは、「泣き叫ぶ」という行動が「おもちゃ」という強化子によって強化されていることが推察できたはずです。

では、いったいどのように対応すればよいのか。

まず、見取りのモノサシ⑥「行動の結果、何の変化も得られ

ない行動は減っていく」を使っていきます。

Ａちゃんが泣き叫んだ時に、おもちゃを買い与えずにデパートを去るのです。

（前）おもちゃなし	▶	（行動）泣き叫ぶ	▶	（後）おもちゃなし

図にすると簡単ですが、これまで泣き叫んでおもちゃを買ってもらえていたＡちゃんは更に烈火のごとく泣き叫ぶことが想像できるはずです。

「なんでーーー！」「前は買ってくれたのにーー！」と。

これを、専門用語で「消去バースト」と言います。

消去バーストは、次のようなメカニズムで発生します。

●行動を起こすことで得られていたメリットが得られない
●本人が「何故？」「前は得られていたのに」という疑問を抱く
●本人が「もっと行動を強くすれば望む結果が得られるかも」と試行錯誤する

消去バーストの期間や頻度は、これまでにメリットを得られていた時間や量によって変わりますが、大切なのは「消去バーストがある」ということを大人が理解しておくことです。

そうすることで、実際の場面に遭遇した時も気持ちを乱すことなく落ち着いて対応できるからです。

見取りのモノサシ⑦

消去を行うと望まない行動が一時的に爆発的に増える

　そして、泣き叫びながら家に帰ったとして、Ａちゃんが落ち着いた時に穏やかに次のように話してみましょう。

　「さっきみたいに大声で『おもちゃ買ってーーー！』と叫んだ時には今度もおもちゃは絶対に買わないからね。でも、今お母さんが話しているくらいの声で『お母さん、私、おもちゃを買ってほしい』って優しく言えた時には、『どうしようかなぁ』『おもちゃを今日は買ってあげようかなぁ』とお母さんは少し考えると思う。」

　これは、正しい「声量」と「伝え方」を教えたわけです。

　そして、大切なのは「100％買ってあげる」とするのではなく、「買ってあげるかどうかをお母さんが考えるかもしれない」と主導権をしっかりとこちら側で持っておくことです。

　もちろん、その次にデパートに行った時も「消去バースト」が起きる可能性もありますが、その時は同じようにデパートを去るのが正しい選択です。それを繰り返すうちに、Ａちゃんは「泣き叫んでも買ってもらえない」ことを体得するからです。

　そうしてある日、Ａちゃんが適切な音量と伝え方で、「お母さん、私、おもちゃを買ってほしいの」と言えた時は、盛大に褒めてあげるといいでしょう。

　「そう！ちゃんと言えたね。そんな風に言ってくれるとお母さんとっても嬉しいよ。今日はＡが初めてちゃんと言えた日だから、記念に一つだけおもちゃを買ってあげようか。」

　こんな風に伝えた上で、ギューとハグしたり、高い高いをしてあげたり、Ａちゃんが喜ぶ方法で褒めたたえたならば、一層その行動は強化されるでしょう。

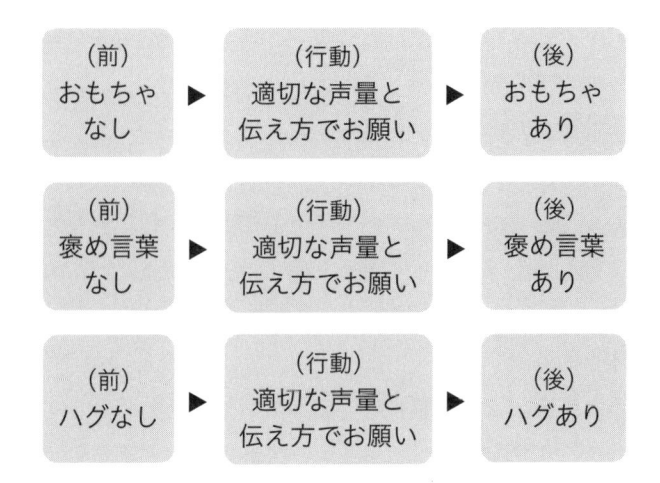

　ここまで読んだ皆さんは、冒頭の私とジャンタイさんのやり取りがほとんど分かるようになっているはずです。再度、該当している部分だけを引用します。

　僕は今このメッセージを読ませてもらった中ですごく気になったのは、息子さんがお母さんを叩いた後に、お母さんが真剣に「痛いよ、ママ悲しいよ」って言うんですね。
　ここがすごく気になりました。うん。僕だったならば、お母さんっていう何よりのその子にとってのご褒美を離すと思いますね。叩いたならば。ちょっと冷たく聞こえるかもしれませんが、これは行動分析学に基づいたものなので多少の「消去バースト」といって最初は泣き喚いたりするかもしれませんが、今度ちょっと僕が言ったことを一度実験してみてください。どうやってやるかって言ったらですね、今度お母さんを例えば叩いた時に、お母さんに外出なり他の部屋に行ってもらうなりして、お子さんからお母さ

んを離してみてください。一切何も言わずに、です。

　つまり、何の刺激も入らない状態を一度作ってみてください。そしたら、もしかしたらお母さんが出ていってお子さんは泣くかもしれないですし、「お母さんお母さん！」って言うかもしれないですけども、完全な無視っていうよりも、「しょうがないからね」「仕方ない、だって叩いちゃったからね」みたいなっていう感じで、できるだけ淡々と、強くというわけじゃなくて淡々と関わってください。例えば、その子がギャーって泣いちゃったとしても、それはしょうがないわけですね。ギャーって泣いて落ち着いてきたとするならば、落ち着いてきたところで例えばお母さんが戻ってきて、落ち着いてるそのお子さんをギュッと抱きしめるみたいな感じです。

　例えば、またそれで叩いたとしたら、今度はさっきよりも長めにちょっと離れてみてください。分かります？時間が少しずつ長くなってたり、そのこと（ママを叩く）をしてるうちに何が起きるかって言ったら、今までだったら叩いたらお母さんが向き合ってくれて、自分を見てくれるっていうものだったとして、叩いたらお母さんがいなくなって、自分に関わってもらえなくなるっていうことが、分かるわけですね。

　当然それは嫌なわけなので、そうじゃなくって、例えば何かしてほしいことがあったら言葉で「こんな風にして」「ギューをして」とかね、「一緒に遊んで」とかっていう風

に言うんだよみたいな感じで、もしそれができた時にはも
う高い高いでもいいしギューでもいいし、美味しい食べ物
でも何でもいいんですけどもそこに強化刺激を強く入れて
あげてくださいということです。

　僕はこのメッセージを読む限り、叩いたらお母さんが見
てくれて僕と話をしてくれるっていうそれを学んでるん
じゃないかなっていうことを感じました。

　最初に読んだ時よりも、このやり取りの意味が分かってきた
あなたは、すでに「見取りのモノサシ」を手に入れ始めています。

　次章では、そのモノサシをさらに磨いて、使いやすくしてい
きましょう。

第二章

見取りのモノサシを磨こう

■ 強化子を詳しく見ていこう ▰▰▰▰▰▰▰▰

　先ほどのおさらいですが、強化子とは「行動を増やすモノ」です。

　反対に弱化子とは、「行動を減らすモノ」です。

　この章では、特に「強化子」にスポットを当ててみていきます（「弱化子はこの反対である」と思って読み進めてもらえれば大丈夫です）。

　強化子の仕組みをごくシンプルに言えば、「行動の直後にいいこと（メリット）があるとその行動が強化される」ということです。

　もちろん、この強化子は年代によっても性別によってもバラバラです。

　私は全国各地や海外でも講演活動を行いますが、大きな舞台での仕事を終えた後に飲むビールは格別です。それがあると思い浮かべるだけで、力がみなぎる感覚すらあります。高揚感や達成感や心地よい疲労感と共に味わうビールは、私にとっての何よりの強化子になっているということです。

　しかし、ビールという強化子は当然ながら子どもにとっては全く効果がありません（私も昔は「こんなに苦くてまずいものをなぜ大人は飲むのだ」と思っていました）。

　つまり、「いいこと」や「メリット」は人によってバラバラであるということです。

　先に書いた「エゴサーチ」のような特殊な例もありますが、この場合も「やっぱりこんなこと書かれてる…」という「予想的中感」や、「このくらいならまだ大丈夫」という「一抹の安堵感」など、何らかのメリットが得られているのです。

　つまり、増やしたいと考える行動がある場合、その人にとって「一体何が強化子となるのだろう」と考えるのが大切であるということです。

強化子は、人によって違い、状況によっても異なる

　ちなみに、「褒め言葉」は多くの場合嬉しいものですが、それを「皮肉」のように受け取る場合もあるでしょう。

　その褒め言葉が「誰」から渡されたか、どのような「状況」で渡されたかによっても、受け取り方が変わってくるはずです。

　褒め言葉一つとっても、「強化子」にも「弱化子」にもなり得るんですね。

　ビール好きの私も、早朝起きてすぐに大ジョッキがベッドに運ばれてきても全く嬉しくありません。私が好きなのは、仕事上がりのビールなのです。

　人によって、状況によって、強化子は変わるということがお分かりいただけると思います。

■生まれながらに持っている強化子

　強化子は、大きく2つに分かれます。

　「生まれながらに持っている強化子」と、「経験によって獲得していく強化子」です（専門的な言い方では「非条件強化子」といいます）。

　生まれながらに持つ強化子とは、「生存」という機能に大きく関わっています。

有名なマズローの「欲求五段階説」を見てみましょう。

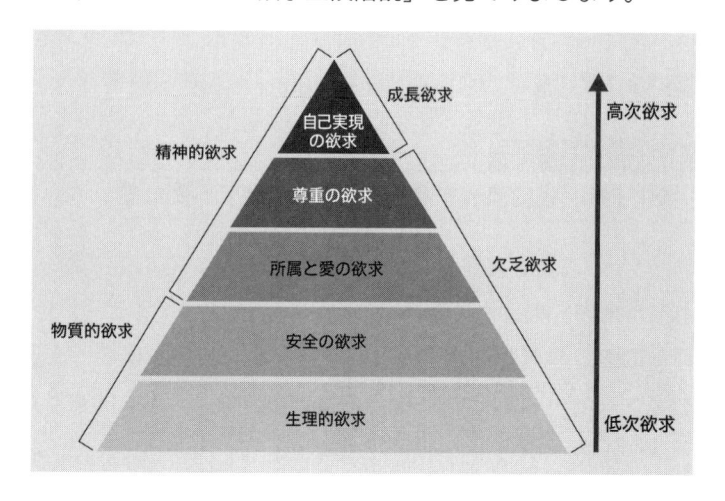

　人間の欲求は低次から高次にかけて5段階あり、低次の欲求が満たされると、より高次の欲求を求めるというものです。

　例えば、最下層にある「食べたい」や「寝たい」などは、人間の生存にかかわる生理的・本能的な欲求です。これができないと、人は生きていくことができません。

　この部分が満たされて、次に求めるのが、安全ないし安定した状態を求める欲求です。

　ただ「食べる」や「寝る」のではなく、「安心して食べたい」「安全なところで寝たい」となるのは、これも人間の「生存」に密接に関わっているからです。

　戦争や天災などにより、安全を脅かされる事態となれば、人は「安全」を最優先に行動します。これも人間の本能的な欲求の一つだと言えるでしょう。

　このような生き物としての本能的な欲求が、物質的に満たされるようになって「所属」や「愛」を求めるようになります。

非条件性強化子 *Unconditioned Reinforcer*

生まれながらに持つ生存に関わる強化子

■ 「所属・愛」も生まれながらに持っている 強化子の一つ

「生理的な欲求」や「安全の欲求」と違い、「所属」や「愛」は生存と密接にかかわっていないように感じる人もいるかもしれません。

ここで、一つの悲しい実験を紹介します。

今から約800年前。

神聖ローマ帝国の皇帝に、フリードリヒ2世という人物がいました。

学問の中でも、取り分け「人間がどのように成長していくか」について興味を持っていた皇帝は、ある実験を行うことにしました。

現在ではとても考えられない、悲しく恐ろしい実験です。

彼は「言葉を教わらないで育った子どもが、どんな言葉を話すのか」という疑問を持ちました。

6ヶ国語を話すことができたフリードリヒ2世は、人間は生まれた時から自分の言葉をもっていると考えており、それはきっとヘブライ語に違いないと期待していたのです。

フリードリヒ2世はこの実験のため、部下に50人もの赤ちゃんを集めさせ、部屋に隔離させました。そこで下記のような条件で実験を行ったそうです。

●赤ちゃんの目を見ない
●赤ちゃんに笑いかけない
●赤ちゃんに語りかけない
●赤ちゃんとふれあいを一切しない
●しっかりとミルクを与える
●お風呂にはきちんと入れる
●赤ちゃんの排せつの処理をする

　つまり、赤ちゃんが生きるのに必要な条件は全て与えた一方で、スキンシップや愛情を与える機会を与えなかったのです。
　実験の結果は恐ろしいものでした。
　「言葉を覚えられなかった」や「表情が乏しくなった」程度の結果ではありません。
　愛情を示してもらえず、言葉もかけてもらえなかった赤ちゃんたちは、誰ひとりとして育つことができませんでした。全員が、1歳の誕生日を迎えることなく亡くなったのです。
　本当に悲しい実験ですが、そこから分かったことがあります。
　それは、

　「赤ちゃんはスキンシップなしでは生きていくことができない」

　ということです。
　発育に影響がある、なんていう次元ではありません。
　生きていくことができないのです。
　お乳をもらうこと。抱っこをしてもらうこと。あやしてもら

うこと。

　添い寝してもらうこと。語りかけてもらうこと。微笑みかけてもらうこと。

　こうしたことを何度も繰り返し、肌と肌との触れ合いを持ちながら愛情をかけてもらうことこそが、赤ちゃんの小さな小さな命を守り、育んでいるのです。

　だからこそ、次のことも理解できるはずです。

　「愛」は人が生まれながらに持っている本能的な強化子である。

　では、ここで再び冒頭のジャンタイさんとのやり取りを抜粋で読んでみましょう。

　４つある行動の機能のうちね、子どもにとって最も強い動機付けになるものはご存知でしょうか？ここ結構重要なんですよ。それは要求なのか注意喚起なのか自己刺激なのか逃避なのか、最も強い動機付けは４つのうちどれかって言ったらですね、それは何かって言ったら「注意喚起行動」なんですよ。なぜかというと、子どもってそもそもね、脆弱な生き物というか自分１人では生きていけない社会的生物ですよね。お父さんとお母さんがいないなら、ジャンタイさんのお子さんは生きていくことができませんね。だから、子どもたちが生きてくために本能として知っているのは、自分に対する注意喚起が成されていなければ自分の命は危うくなるっていうことを意識するしないに関わらず本能で知っているわけです。

　「人は生まれながらに持っている強化子がある」ということ

が分かり、そして、先のフリードリヒ2世の悲しい実験のことも知れば、「愛」や「注目」も人の生存に深くかかわっていることが分かってくるはずです。

生まれながらに持っている本能的な強化子がある

■「生まれながらに持っている強化子」＞「経験によって獲得していく強化子」

　おいしいご飯を食べること。あたたかい布団で眠ること。

　安心できる居場所があること。身近な人からの愛を受け取ること。

　こうした「生存」に関わる強化子は、数ある強化子の中でも非常に強い強化子です。

　何せ、自分の命に直結する強化子なのですから。

　それに対して、私たちが人生の中で「後天的に身に付けていく強化子」もあります（専門的な言い方では条件性強化子といいます）。

　これは、経験によって学びながら獲得していく強化子のことです。

　例えば、目の前に「おにぎり1つ」と「百万円の札束」を用意されて、「どちらか一つをプレゼントします」と言われたら、どちらを選ぶでしょうか。

　おそらく、多くの人が札束を選ぶはずです。

　それは、私たちが経験によって「札束の価値」を知っている

条件性強化子　Conditioned Reinforcer

からです。

　百万円あれば、おにぎりなら 10000 個くらい買えますし、何なら他のものにも交換することも可能です。

　過去にお金と食べ物を交換した経験により、「お金」が「強化子」へと昇格するのです。

　これが、経験によって獲得する強化子です。

　でも、この「札束の価値」は、それを経験して学んでいない人には分かりません。

　想像しにくいかもしれませんが、貨幣経済の影響を一切受けず物々交換の暮らしで生きる人に、「食べ物」と「お金」を見せたなら、ほぼ間違いなく「食べ物」を選ぶはずです。

　いや、貨幣経済の中で生きている我々でも、極限の状態になれば間違いなく「食べ物」を選択するはずです。

　災害や戦争などによってお金の価値が地に落ちた（無価値になった）状況を想像してみてください。どれだけお金を持っていても、それを食べ物と交換することができない世界です。

　悲惨な飢えが続く極限状態の中で、食べ物とお金が目の前に現れたとしたら。

　どちらを手にするか、選択の余地などないはずです。

ここまで極端な例をあえて出したのは、読者の皆さんに「強化子」にも、ランクがあるということをお伝えしたかったのです。

　人間をシンプルに捉えるならば「生き物の一種」です。

　全ての生き物は、生存本能を持っています。

　自らの命が続き、生き残るための知恵や工夫や本能を体に宿しているということです。

　だからこそ、「生まれながらに持っている強化子」は強いのです。

　それに比べれば、経験によって後付けされた強化子は、軽いです。

　極限状態になったとすれば、吹けば飛ぶほどの重さしかないともいえるでしょう。

　つまり、その人にとってメリットのある強化子を創ったはずなのに望ましい行動が増えないとするならば、より強い強化子が別に存在しているかもしれないということです。

　ジャンタイさんの例で言うならば、息子さんからすれば「スキンシップ」や「注目」など、自分にとって極めて強い強化子があったことが想像できました。

　そこに、人が学習によって後天的に学ぶ「善悪の判断」や「人付き合いのルール」などが勝てるはずもありません。

　強化子にも、ランクがあるということをここで押さえておいてください。

見取りのモノサシ⑩

強化子にもランクがある

■新たな強化子を獲得していこう

　では、経験によって獲得する強化子が大切でないかといえば、そうではありません。

　むしろ、強化子の幅が狭く、選択できる種類が少ないほどに行動というものは偏り、強固なものになってしまいます。

　例えば、学校に通う子どもたちを想像してみてください。

　先生方は、いろんな方法で望ましい行動を強化しているはずです。

　褒めたり、にっこり微笑んだり、頭をなでてくれたり。

　それによって、子どもたちは様々なルールや仕組みを理解していきます。

　定型発達のお子さんの多くは、そうやって自然といろんな行動の仕方を学んでいくわけですが、仮に、それら諸々の「強化」が入りにくいお子さんの場合はどうでしょうか。

　「褒め言葉」が、自分にとって嬉しいことだと理解できなかったら。

　「微笑む表情」から、相手の気持ちを読み取ることができなかったら。

　「頭をなでる」という行為が、嬉しいどころか怖さを覚えてしまっていたら。

　この子は、望ましい行動が「強化」されることなく、学校で毎日を過ごすことになります。

　特に自閉傾向のお子さんにこうした発達の凸凹が多いわけですが、そうした子たちには「強化子の幅が狭い」という特徴も往々にして見られるのです。

　だからこそ、新しい強化子を獲得していくことには大きな意

味があります。

　その子たちの望ましい行動が、強化子を増やすことによって引き出されやすくなっていくからです。

　例えば、電車以外に興味を示さなかった子が、ある日ひょんなきっかけから「仮面ライダー」にドはまりしたとしましょう。

　これは、「強化子が新たに増えた」とも見ることができるはずです。

　そもそも、ここまで書いてきた通り、人は経験によって新たな強化子を獲得していくことが可能なのですから、その幅が広がるほど、より多様な行動が引き出されるようになるともいえるのです。

　後に詳しく書きますが、「新たな強化子は創れる」ということと、その幅を広げることによって「望ましい行動が引き出されやすい」ということを押さえておいてください。

見取りのモノサシ⑪

人は経験によって新たな強化子を獲得できる

■ 強化子を渡す時のポイント① 「すぐに渡す」

　ここまでは強化子の「内容」について見てきました。

　ここからは「渡し方」について述べていきます。

　強化子を渡す際のポイント1つ目は、「すぐに渡す」ということです。

　「いいことをしたらその場ですぐ褒める」のような形です。

　強化子を手に入れるまでの時間は、短ければ短いほどいいで

す。

　逆に時間が長引けば長引くほど、強化子（弱化子）の効果は薄れると言われます。

　目安は「60 秒以内」、理想は「1 秒以内」（即時）です。

見取りのモノサシ⑫
強化子はできる限り「即時」に渡す

　そのことをイメージしやすい例としては、ダイエットがあります。

　「〇 kg 痩せたい」と目標を掲げた時に、人は「間食をやめる」「ヘルシーメニューを選ぶ」「ジムでトレーニングをする」などのいろんな行動を起こします。

　この時、たった1回の間食をやめた直後に 500g 体重が減ったり、ジムでトレーニングをした直後に数 kg の減量に成功したりするとしたら、ダイエットは非常に簡単です。

　「直後に得られるメリット」によって、ダイエット行動がどんどん強化されるからです。

　しかし、現実には1回の間食を我慢しても1度ジムに行ったとしても、「即時の結果」は得られません。結果が即時に得られないからこそ、行動が強化されないのです。

　だからこそダイエットがなかなか成功しないという状況が生

まれます。

　ダイエットは長期的な行動、つまりは「習慣」によって成功するものなので、大切なのは「間食を我慢する」「ヘルシーメニューを選ぶ」「ジムに行く」などの行動に即時強化を図り、習慣化することです。

　ジャンタイさんとのやり取りの中にも登場した「メリットの法則」という本に秀逸な例が載っていたので、引用します。

　痩せるためにジムに通っていると言いながら、実際にはイケメンのコーチと会話するのを楽しみにしているという女性がいた。ヘルシーメニューを選択するたびに手帳に小さいシールを貼って、100個集めたらではなく100回連続して貼れたら沖縄旅行に行くという夫婦がいた。これならば、ジムに通うという行動に伴ってコーチと会話できるし、ヘルシーメニューを選択するたびに手帳に自分でシールを貼ることもできる。いずれも、行動の直後にしていることなので、かなり成功しそうなアイデアだ。

（奥田健次『メリットの法則　行動分析学・実践編』集英社新書）

■ 強化子を渡す時のポイント② 「望ましい行動をした時だけ」 ■

　次のポイントは、「望ましい行動を起こした時だけ渡す」ということです（専門的な言い方では「随伴性を伴わせる」といいます）。

　私には、４人の子ども（娘２人と息子２人）がいます。

　４人ともキャラクターや性格、得意・不得意なども全然違っ

ていて、バラエティ豊かなやり取りに日々悪戦苦闘しつつも楽しませてもらっているところです。

　そうした背景もあってか、私が現在国内や海外の各地で毎年行っている講演会やセミナーにおいて、よく寄せられる質問があります。

　それは「子育ての中で大切にしているしつけはありますか？」というものです。

　その時に、私が答える内容はいつも決まっています。

　我が家で、私が意図的に行ったしつけが「たった一つ」しかないからです。

　これです。

お店で商品を買ってお会計をした後、「ありがとう」と言って商品を受け取ること

　最初に教えたのは、上の二人の娘に対してでした。

　ある日二人を連れて買い物に行った後に、次のように教えました。

今度からお店に行って、買い物をしたら「ありがとう」と言って品物を受け取ろうね。

　品物を作ってくれる人がいて、それを運んでくれる人がいて、お店の人が並べて売ってくれるから初めてお買い物ができるんだからね。お金を払っているから「当たり前」ではなくて、いろんな仕事や人に支えてもらっているんだから「ありがとう」なんだよ。いいかい、今度からは「ありがとう」を言えなかった時は、買ったものはもらえないからね。

　娘たちは「分かったー！」と元気よく返事をしました。

教えてもらったばかりの時はよく覚えているもので、次の買い物の時は二人ともきちんと「ありがとうございます」を言って商品を受け取ることができました。

　もちろん私は「そう！よく言えたね〜」と盛大に褒めたものです。

　それからしばらくたった後日。

　再び二人を連れて私は買い物に行きました。

　行った先はコンビニです。

　「好きなお菓子一つずつ買っていいよ」と娘たちに伝えると二人ともご機嫌でお菓子コーナーに直行しました。

　あれこれ考えて持ってきたお気に入りのお菓子をかごに入れ、お会計を済ませた後のことでした。二人はニコニコしながら黙ってお店の人から商品を受け取ってしまったのです。

　もちろん、こうなることは予想がついていました。

　一度言っただけで「しつけ」として定着するならば、子育てとは実に簡単なものです。

　つまり、「こういう日が必ず来るだろうな」ということを想定した上で、先の「ありがとうと言って受け取ること」を二人に教えたのです。

　その日、お店を出てから私は二人に言いました。

　さっき、「ありがとう」と言うのを忘れていたね。
　だから残念だけど、このお菓子はなし。
　お買い物をした時は「ありがとう」と言って品物を受け取るんだよ。

そう言って、本当にお菓子はあげず、弟二人に食べさせることにしました。

娘たちはガーンとした表情になっていましたが、この瞬間に大切なことを学んだのです。

それは、「ありがとう」という言葉と「品物を受け取る」という行為はセットであるということです。

この「セットにする」というのが、専門用語の「随伴性を伴わせる」ということです。

ありがとうと言ったら、お菓子をもらえる。

ありがとうと言わなかったら、お菓子はもらえない。

このように、望ましい行動をした時だけ、強化子を渡すのです。

そうすることで、はじめて行動は強化されていきます。

もし、黙って品物を受け取った時に、私が娘かわいらしさで「今回はしょうがないね」とお菓子を与えていたら、「ありがとう」という行動は定着しなかったでしょう。

見取りのモノサシ⑬
望ましい行動をした時だけ強化子を渡す

実際にこの後、娘たちは品物を受け取る時の「ありがとうございます！」を忘れなくなりました（弟たち二人にも理解できる年齢になってきた時に実施する予定です）。

ありがとう！

　３つ目のポイントは、「実態や特性に応じて、強化子の量や質を調整すること」です。

　人は誰しも、得意・不得意や好き・嫌いがあります。

　大好きなものはエネルギーを使わなくてもできますし、反対に大嫌いなものには相当なエネルギーが必要とされることが少なくありません。

　例えば、国語算数理科の宿題があったとしましょう。

　仮に、そのお子さんが国語が大好きで理科が大嫌いな場合。

　国語は多分放っておいても大丈夫で、でも理科はいつも後回しにしてなかなかやらないような状態が想定できますね。

　こういう時は、特にたくさんのご褒美をあげると良いのは当然理科です。

　それだけ、たくさんのエネルギーを必要とする課題だからです。

　これはあくまで例ですが、大切なことは「実態に応じて強化子の量や質を調整する」ということです。

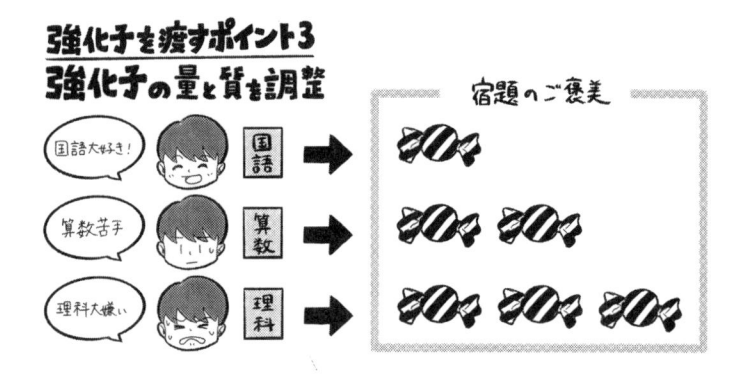

頻度を多めにしたり数量を増やすのが「量」。

できるだけ魅力的なものやメリットの大きなものを用意するのが「質」。

これらを調節することで、望ましい行動がさらに強化されやすくなります。

見取りのモノサシ⑭

実態に応じて強化子の量や質を調整する

ここまで、強化子にスポットを当てて、その種類や渡し方のポイントについて紹介してきました。

次章では「行動の機能」に焦点を絞って、さらに見取りのモノサシを磨いていくことにします。

いいことが「出現」する強化

　ある会場で、「みなさんにとって行動が増えていくきっかけとなる『嬉しいこと』って何ですか？」と問いました。

　ある人は、「ケーキ」と答えました

　ある人は、「お金」と答えました。

　その中で、一人だけ腕組をしながら難しそうな表情で考え込んでいる一人の男性にマイクを向けてみると、

　「特にありません。」

　との回答が返ってきました。

　一瞬、会場の空気が張り詰めたかに思えたその瞬間に、となりに座っていたその男性の奥さんが一言、

　「何言っているの。ゴルフがそうじゃない。」

　と大きめの声を出し、途端に会場が笑いに包まれました。

　自分にとっての嬉しいことが出現する時に、人の行動は強化されます。その男性にとっては、早起きすることも、ゴルフクラブを磨くことも「ゴルフができる」という強化子によって強化されているのでした。

　同時に思ったのは、「自分では自分の強化子が分からないケースもある」ということ。もし、自分の強化子が分からない時は誰かに尋ねてみるのもいいかもしれません。

第三章

見取りのモノサシを深めよう

■ そもそも「行動」とは？

　ここまで見取りのモノサシを増やすことや磨くことを目標としながら、第二章までの内容をつづってきました。

　冒頭の「ジャンタイさんとのやり取り」に、はじめは多くの「？」が浮かんでいた方も、第二章までに手に入れたモノサシによって情報の大部分が読み解けるようになってきたのではないかと思います。

　本章では、その見取りのモノサシの世界を、より深く見ていくことにします。

　第一章で、私は次のように書きました。

　行動分析学は、簡単に言えば「行動の問題を解決するための学問」です。

　問題を解決するためには、特定の行動を増やしたり減らしたりする必要があるという観点から、ここまで「強化子」や「弱化子」について述べてきたところです。

　ここで一つ質問です。

　そもそも「行動」とは、一体何なのでしょうか。

　国語辞典には、次のように載っています。

　1　あることを目的として、実際に何かをすること。行い。
　2　心理学で、外部から観察可能な人間や動物の反応をいう。

　一般的には、「1」の意味で行動という言葉を捉えますが、行動分析学における「行動」の意味は、「2」を指しています。

　ちなみに、行動分析学とは「心理学」の一つなんです。

　「えっ、行動を分析するのに『心理学』なの？」

　と思った方もいるかもしれません。

心理学は実に幅の広い学問であり、その中には様々な体系が存在し、それぞれが「学会」と呼ばれる専門者集団を形成しています。

　尚、2024 年現在、日本における心理学関連の学会の多くは、「日本心理学諸学会連合」（日心連）という任意団体に所属しています。試しに、その団体を全て挙げてみます。

　産業・組織心理学会、日本 EMDR 学会、日本イメージ心理学会、日本ＬＤ学会、日本応用教育心理学会、日本応用心理学会、日本カウンセリング学会、日本学生相談学会、日本家族心理学会、日本学校心理学会、日本感情心理学会、日本基礎心理学会、日本キャリア・カウンセリング学会、日本キャリア教育学会、日本教育カウンセリング学会、日本教育心理学会、日本教授学習心理学会、日本グループ・ダイナミックス学会、日本 K-ABC アセスメント学会、日本健康心理学会、日本交通心理学会、日本行動科学学会、日本行動分析学会、日本コミュニティ心理学会、日本コラージュ療法学会、日本催眠医学心理学会、日本質的心理学会、日本自閉症スペクトラム学会、日本社会心理学会、日本自律訓練学会、日本心理学会、日本心理臨床学会、日本ストレスマネジメント学会、日本青年心理学会、日本生理心理学会、日本動物心理学会、日本特殊教育学会、日本乳幼児医学・心理学会、日本人間性心理学会、日本認知・行動療法学会、日本認知心理学会、日本パーソナリティ心理学会、日本バイオフィードバック学会、日本箱庭療法学会、日本発達心理学会、日本犯罪心理学会、日本福祉心理学会、日本ブリーフサイコセラピー学会、日本マイクロカウンセリ

ング学会、日本森田療法学会、日本遊戯療法学会、日本リハビリテイション心理学会、日本理論心理学会、日本臨床心理学会、日本臨床動作学会、包括システムによる日本ロールシャッハ学会

（日本心理学諸学会連合 https://jupa.jp/category2/jimukyoku.html よりサイト掲載順）

　全部で 50 以上もある心理学の学会の一つが、行動分析学であるということです。

　その心理学において、行動とは、「外部から観察可能な人間や動物の反応」を指すのです。

　特に大切なのは、「観察可能」という点です。

　皆さんは、行動をどれだけ「観察」することができているでしょうか。

■「死人テスト」

　行動を観察するために重要なツールを二つ紹介します。

　一つ目が「死人テスト」です。

　死人テストとは、以下のように説明されます。

　Ｏ・リンズレイが 1965 年に考案したとされる、行動分析学において「行動」を識別する際に役立つ考え方で、「もし死人にでもできるなら、それは行動ではない。そして、死人にできないのならそれは行動である」というもの。

（三田村仰『はじめてまなぶ行動療法』P.291　金剛出版　2017 年）

　「死人にできることは行動ではない」が死人テストの定義です。

　逆に言えば、死人にはできないことは全て行動であるといえます。

　例えば、学校や家庭でよく「静かにしなさい」という注意を耳にしますが、この「静かにする」というのは、行動ではないのです。

　なぜなら、死人は静かにできるからです。

　他にも、「チョロチョロ動かないの！」「友達から褒められるような行動をしようね」のような言葉も耳にすることがありますが、これらも行動ではありません。

　静かにするという「状態」や、動かないといった「否定形」、褒められるなどの「受け身」は、いずれも死人にできることだからです。

死人にできること		例
状態	～している	静かにしている、じっとしている、寝ている、横になっている
否定形	～しない	動かない、怒らない、泣かない、食べない、嘘をつかない
受け身	～される	褒められる、叱られる、話しかけられる、叩かれる、なでられる

　そして、「死人にできることは行動ではない」ということから派生して、「行動でないものは目標になりにくい」「だから行動を変容させにくい」という原則も存在します。

　極端な言い方をすれば、「静かにしなさい」「動かないで」という伝え方は、「死んでいなさい」ということとほぼ同義であるということです。

　したがって、行動を変容していくためには、「死人にはでき

死人にできること

静かにする　　褒められる　　じっとする

ないこと」（行動）を目指して関わっていく必要があるのです。

■「具体性テスト」

　もう一つのツールが、「具体性テスト」です。ISBO テスト（Is the Behavior Specific and Objective）とも呼ばれたりしますが、要は「具体的かつ客観的に行動が測定できるか」を判定するためのテストです。

　内容は以下の通りです。

> ① その行動の生起回数を数えることができますか？ 例えば、15分中に、1時間の間に、1日で何回であったか。あるいは、その行動の持続時間をはかることができますか？ すなわち、その行動が1日に何回あるいは何分だったと誰かに報告することができますか？（答えはいずれもイエスでなければならない）

② 行動変容の予定になっている標的行動を新任教師に説明したときに、新任教師は見なければならない行動を正確に見極めることができますか？　すなわち、標的行動があったときに、子どもがその行動をしていると主確に見分けることができますか？（答えはイエスでなければならない）

③ 標的行動をより細かい要素に分解できますか？　そして、それぞれの要素は元の記述よりも、より明確で観察可能ですか？

（この答えはノーでなければならない）

P.A. アルバート , A.C. トルートマン『はじめての応用行動分析』P.53　二瓶社　2004 年)

　ここで大切なのは、「誰が観察しても同じであるくらいに具体的であること」です。

　例えば、「ダイエットをする」は誰が観察しても同じくらい具体的といえるか。

　答えは、「否」ですね。

　ダイエットをするためには、前の章でも出てきた通り、「いろんな行動」が存在します。

　同様に、「勉強をする」や「清潔にする」も、具体的ではありません。

　勉強の仕方もそれぞれですし、清潔にする方法もいろんなパターンがあります。

　「仲良くしなさい」「一生懸命頑張ろう」「努力が大切なのよ」など、このように考えてみると、子どもたちは毎日「具体的でないこと」をどれほど言われているかが見えてきます。

中でも最も具体性に欠ける代表例は「ちゃんとしなさい」「しっかりしなさい」でしょう。

　「ちゃんと」や「しっかり」が指す内容には、具体性のかけらもありません。

　では、どのようにすれば具体的になるか。

　例を示します。

「ダイエットをする」→「ジムで 1 時間ランニングをする」
「勉強をする」→「計算問題を 10 問解く」
「清潔にする」→「トイレの後で手を洗う」

抽象的と具体的

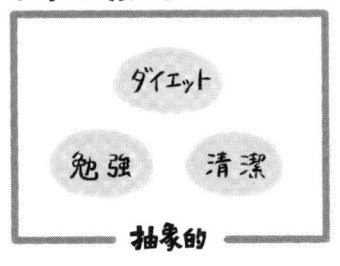

　新任の先生に「その行動があったかどうかを確認してください」と指示したとしても、これらは正確に見極められるはずです。

見取りのモノサシ⑯

行動は誰が測定しても同じくらい具体的であること

　「死人テスト」「具体性テスト」を両方ともクリアしたものが、行動分析学における「行動」です。

■ 行動には4つの機能がある

　では、なぜまたこれほど厳密に行動を定義するかというと、それは行動分析学では必ず、

　「その対象者が行動した時の前後の変化」を観察して分析するからです。

　第一章からたびたび登場してきた、この３つのボックスがそうです。

　行動の前に何があったか。

　行動の後に何があったか。

　その中心の箱に入るのが、死人テストや具体性テストをクリアした「行動」です。

　この部分が受け身では、対象者が動くわけではないので、前後の変化が対象者の行動によるものなのかどうかはっきりしません。

　状態や否定も同じように、動きがないので前後の変化が分からないのです。

　かつ具体的でなければ、行動の何が問題で何を解決したいかが明確になりません。

　再三お伝えしているように、行動分析学は「行動の問題を解決するための学問」です。

　ターゲットとする行動が定まらなければ、効果的な行動改善ができないということです。

では、ここで、真ん中の箱である「行動」だけを取り出してみます。

第一章でも記したように、人は1日の内に約3万5000回もの行動を起こします。

自分でも自分の行動を全て測定するのが不可能なくらいの数字に思えますが、これらの行動が「たった4パターン」に分かれると聞いたらどのように感じるでしょうか。

実は、無数にも思える行動には、全てに意味（理由や目的）が存在しており、それらは専門的な言い方で「行動の機能」と呼ばれます。

そして、この行動の機能はたったの4つにしか分類されないのです。

見取りのモノサシ⑰
行動には「4つの機能」がある

これが分析できるようになれば、「どんな理由で行動を起こしたのか」「どんな目的で行動を起こしたのか」が分かるようになります。

これこそが、本書でお伝えしたい「最も大切な見取りのモノサシ」です。

何らかの理由や目的があって「行動の問題」が起きているの

ですから、それが見えるようになれば、「別の行動に置き換える」ことも可能になるのです。

それでは、4つの行動の機能を以下に示します。

獲得（要求）
注目（注意喚起）
感覚（自己刺激）
逃避（回避）

　一つずつ、順に見ていきましょう。

■ 獲得（要求）「ホシイ、ヤリタイ」

獲得とは、行動の結果「物や活動」が得られる行動のことです。

例えば第一章で紹介した、「おもちゃ売り場で泣き叫ぶ女の子」の例を見てみましょう。

「泣き叫ぶ」という行動によって、「おもちゃ」が得られていることが分かります。

このように獲得行動には、自分の欲している物を手に入れる働き（機能）があります。

また、獲得しようとするのは有形のものばかりではなく、「活動」や「特権」なども含まれます。

例えば、小さい子たちが鬼ごっこで遊んでいる時に、後から

来た子が「いーれーて！」と言い「いーいーよ！」と言われてから参加するシーンがあります。

　子どもたちはこの「鬼ごっこに参加する権利」には結構シビアなところがあって、参加を許可していない子が鬼ごっこに加わると、「入っていいって言ってないよ！」と揉め始めたりします。

　特に鬼担当の子からすれば、捕まえに行くターゲットが無差別に増えることは非常に由々しき問題ですから、自然な帰結ともいえるでしょう。

　これを先ほどのボックスに入れるとこうなります。

| （前）参加権利なし | ▶ | （行動）いーれーて！ | ▶ | （後）参加権利あり |

　行動の結果、物や活動が手に入るのが「獲得」という行動です。

■ 注目（注意喚起）「ミテミテ、カマッテカマッテ」■

　注目とは、行動の結果「他者からの注目」など、手に取ることはできないような関心や注意を得る行動のことです。

　度々登場しているジャンタイさんのお子さんに再度登場してもらいましょう。

（前） お母さんの 注目なし	▶	（行動） お母さんを 叩く	▶	（後） お母さんの 注目あり

「叩く」という行動によって「注目」が得られていることがわかります。

具体的な物質ではなくて、周りからの関心が「強化子」になっているケースですね。

これは身体的な接触が伴うパターンですが、接触が特に無いパターンもあります。

以前、私が遊びに行った友人のお宅でこんなことがありました。

そのお宅の幼稚園児のお子さんが、私たち客人が談笑しているところに、突然パンツ姿で満面の笑みで登場したのです。

当然、友人である両親は「こーら！」と言って叱りましたが、その子は全然響くどころか笑っています。

私たち客人組も「ハッハッハッ」と笑い合っていたのですが、それを見てお子さんは益々楽しそうにしています。

「何度注意してもやめないんですよね」と友人は苦笑いをしていたので、その時に私は「注目を得て強化されている可能性があるね」と話したのでした。

（前） みんなの 注目なし	▶	（行動） パンツ姿で 登場	▶	（後） みんなの 注目あり

他にも奇声をあげたり、物を投げたりといろんなパターンがありますが、その行動の結果、周囲の注意や関心が集まるのが「注目」という行動です。

■ 感覚（自己刺激）（ココチイイ、オチツクナァ）

　その行動の結果、感覚的な刺激を得ることができる行動のことです。

　爪を噛む、指をしゃぶる、耳たぶを触る、手をひらひらさせる（ハンドフラッピング）、鼻をほじる、繰り返し大きな声を出す、髪の毛を引っ張るなどパターンは様々です。

　その刺激自体が快刺激になっていたり、精神的な安心感をもたらしたりする時などによく起きる行動と言われています。

　我々大人でも少なからずこうした感覚刺激を得るための行動をとっているものですが、これらが顕著に出ている時に「不適応行動」と考えられる場合が多いです。

　では「耳たぶをさわる」を例にとって、ボックスに当てはめてみましょう。

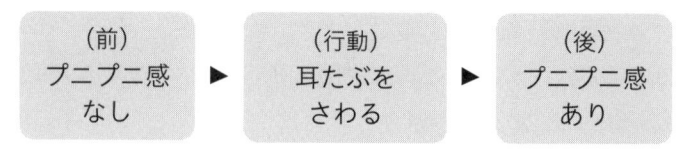

（前） プニプニ感 なし	▶	（行動） 耳たぶを さわる	▶	（後） プニプニ感 あり

　このように考えると「爪を噛む」「指をしゃぶる」「髪の毛を引っ張る」などもそれぞれいろんな刺激が体の中に入力されて

いることが想像できるはずです。

■ 逃避（回避）「ニゲタイ、サケタイ」

　その行動の結果、嫌な状況や場所から逃れることができる行動のことです。

　学校に行きたくない、教室に入りたくない、お手伝いをしたくない、勉強をしたくないなど、何らかの不快な状況や場所から離れようとするのが逃避です。

　ちなみに、私はこの原稿をアメリカ・テキサスで書いています。

　現地での講演や授業を頼まれたために渡米したわけですが、9月末のテキサスは尋常ではないほどの暑さでした。

　せっかく訪れた街を歩いて見物しようと散歩を始めても、ものの数分で汗が吹き出します。

　これはたまらんと、私はすかさず近くにあったカフェに逃げ込みました。

　クーラーがしっかりと効いていて、冷たいコーヒーを飲みながらしばしの休憩です。

　これは、「テキサスの猛烈な暑さ」から私が逃避した瞬間です。

（前）猛烈な暑さあり	▶	（行動）カフェに入る	▶	（後）猛烈な暑さなし

近年は温暖化の影響で日本の各地でも猛烈な暑さが続くようになりました。

　きっと読者の皆さんの中にも、私と同じく「暑さ」から逃避して過ごしていた方も多いのではないでしょうか。

■ 不適応行動にも4つの機能がある

　さて、ここで、「はじめに」に書いた文章を抜粋してみます。

> 　「なぜ○○くんは暴力を振るい続けるのか」
> 　「何度注意しても立ち歩きをやめないんです」
> 　「毎日泣き叫んで教室に入ることができなくて」
> 　全国各地の学校や家庭から、私のところに毎日のように相談や質問の連絡が入ります。
> 　パニック、フリーズ、かんしゃく、暴力、暴言、立ち歩き、行き渋り…。
> 　いわゆる「不適応行動」とよばれる諸々のケースへの対応に、全国の先生方や保護者の方々が苦慮されていることが伝わってきます。

　こうした「不適応行動」にも、先ほどの4つの機能が当てはまります。

　その行動に、「獲得か、注目か、感覚か、逃避か」のいずれかの働き（機能）が存在するということです。

　「物や特権を手に入れようとしている」「誰かからの注目や関心を集めようとしている」

　「何らかの刺激を自分に入れようとしている」「嫌なことか

ら逃げようとしている」

　不適応行動の機能が分かれば、行動の問題を解決できる「道筋」が見えてきます。

（行動）

① 獲得（手に入れたい、やりたい）
② 注目（注目してほしい、構ってほしい）
③ 感覚（自分の体に刺激を入れたい）
④ 逃避（嫌なことから逃げたい）

　私が、ジャンタイさんにラジオでアドバイスができたのは、その道筋が見えたからにほかなりません。

　そして、そうしたアドバイスや助言は、誰にでも実施することが可能なのです。

　きっと、ここまでで読者の皆さんなら、第一章の私とジャンタイさんとのやり取りの意味がほとんど理解できるはずです。

　次章から、ここまで押さえてきた「見取りのモノサシ」を使いつつ、応用行動分析における「2大ツール」を紹介していきます。

　モノサシとツールを組み合わせて使えるようになれば、問題解決への道筋がよりはっきりと見えてくるようになるでしょう。

いやなことが「消失」する強化

　私のふるさと・北海道は、多くの人が知っている通り冬は厳しい寒さに包まれます。

　子どもたちは、真冬のシーズンはたいてい上下のスキーウェアにカバー付きの長靴、マフラーに手袋という重装備で学校に出かけます。

　私自身も、同じような格好で子どもの頃は登校していました。

　ちなみに、なぜ長靴にカバーをつけるかというと、それをしないと雪が靴に入ってくるからです。

　カバーをつけずに長靴で出かけると、学校に着く頃にはたくさんの雪が長靴に入り、靴下はびしょ濡れ、つま先は真っ赤と大変な状態になってしまいます。

　だから、最初にカバーを付けた時の感動は凄かったです。

　どれだけ深い雪原に足を入れても、盛大に雪山にダイブしても一切靴に雪が入りません。

　以来、私は忘れずにカバーをつけるようになりました。

　「びしょ濡れの靴下」や「冷たさで真っ赤のつまさき」という大惨事をカバーが防いで無くしてくれたからです。

　ご当地ならではの「いやなことが消失するときの強化」のパターンが、きっと全国各地にあるのでしょうね。

第四章

行動分析学のツールを手に入れよう①

■ABC分析とは

　それでは、ここで行動分析学の基本ツールその①「ABC 分析」についてお伝えしていきます。

　実は、ここまでの第 1 〜 3 章までの間にもたびたび登場していた「 3 つの箱」。

　これこそが ABC 分析の基本形だったのです。

　ですから、ここまで読み進めた読者の方々はその基本形が既に身につき始めています。

　では、 3 つの箱に正式名称を加え、さらに先ほどの章で触れた「 4 つの機能」と合わせてその形を改めて確認してみましょう。

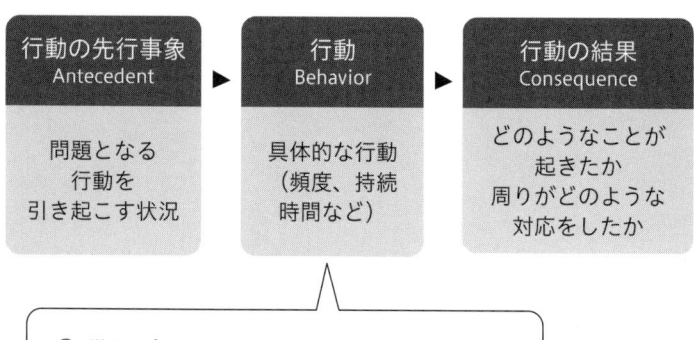

行動の先行事象 Antecedent	行動 Behavior	行動の結果 Consequence
問題となる 行動を 引き起こす状況	具体的な行動 （頻度、持続 時間など）	どのようなことが 起きたか 周りがどのような 対応をしたか

① 獲得（手に入れたい、やりたい）
② 注目（注目してほしい、構ってほしい）
③ 感覚（自分の体に刺激を入れたい）
④ 逃避（嫌なことから逃げたい）

　一つ目の箱にはここまで「前」と書いてきましたが、正式名称は「先行事象」といいます。

　英語にすると「Antecedent」、頭文字は「A」です。

二つ目の箱に入るのは、これまでと同様「行動」です。

行動は英語で「Behavior」、頭文字は「B」です。

三つ目の箱にはここまで「後」と書いてきましたが、ここは「行動の結果」となります。

英語にすると「Consequence」、頭文字は「C」です。

それぞれの頭文字をとって、「ABC分析」と名前がついています（ここまでたびたび登場してきた3つの箱「前→行動→後」が、「A→B→C」という簡易表記になっただけですね）。

簡単に言うと、次のステップでABC分析は行われます。

1 直したい行動や癖について「先行事象」、「行動」、「結果」に分ける。
2 その（問題）行動が起きる理由を強化子、弱化子の点から考える。
3 強化子、弱化子を増やしたり減らしたりすることで行動を直せるよう考える。

では、ここでも具体的な事例を通して理解を深め、ツールを手に入れていきましょう。

■ Aくんの事例

2022年に出版した拙著「生徒指導の『足並みバイアス』を乗り越える」に記した事例を紹介します。

今からおよそ10年前。
クラスに一人の男の子が転入してきました。

名前を、仮にAくんとします。

Aくんは、目についた物を手に取り、投げる癖がありました。

授業中、消しゴムや鉛筆を何度も放り投げました。

Aくんは、立ち歩くことが多いお子さんでした。

椅子に座り続けることは難しく、席を立ち、教室内を徘徊することが常態化していました。

Aくんは、気に入らないことがあると手を出しました。

友だちを叩く、つねる、蹴るなどは日常茶飯事でした。

Aくんの転入によって、クラスの授業シーンは一変しました。

私は、Aくんの転校初日から、指導の記録を取り始めました。

どんな指導をし、どんな反応が見られたか。

効果のあった指導は何か、効果のなかった指導は何か。

放課後に細かく記したものを、全職員に毎日配布しました。

Aくんにかかわる全ての人と情報を共有し、一貫性のある指導を行わなければ行動改善は難しいと直感したからでした。

当時、私は教師7年目。

初めての学年主任を任され、併せて校務分掌でも三指に入る重たい仕事の長を任せてもらった年でした。

「子どもたちへの指導」という意味では一定の自信がついてきた頃であり、その自己評価に他者評価も重なってきた頃だったといえます。

　しかし、そんな７年で得た自信などはあっさりと吹き飛んでしまうほどの危機感を覚えたのがＡくんとの出会いでした。

　Ａくんに対しては、多くの学校で今もみられる「ごく当たり前に行われている生徒指導」のケースはほとんど通用しませんでした。

　厳しい注意や叱責は行動改善につながりませんでした。

　本人の話をじっくり聞くことも極めて困難でした。

　保護者の方に協力を求めることも不可能でした。

　だからこそ、過去の生徒指導対応の先行実践を整理し、指導の基本方針を立て、記録を取り、チームで共有したのです。

　私は、毎日効果のあった指導と無かった指導をふるいにかけ、効果のあった指導のみを続けることを心がけました。

　Ａくんにかかわる他の方々にも、そのことをお願いしました。

　結果、Ａくんには着実かつ確実な行動変容が見られるようになりました。

　暴力暴言は劇的に減り、座って学習を続けられる時間が格段に増え、何より人にやさしく接する場面が増えていきました。

　Ａくんの転入によって、当時担任していた３年生のクラスの様子は一変しました。

　物を投げたり、立ち歩いたり、近くの人をたたいたりする行動が常態化している子が一人いるだけで、クラスマネジメントの難しさは一気に跳ね上がります。

たった一人の子がここまで学級全体に影響を及ぼすのかと、当時二十代だった私は学校教育の難しさを痛いほど思い知ったのでした。

　Ａくんが転入してきて過ごした日々はわずかに３週間（ご家庭の事情で瞬く間に別の学校に転出してしまいました）だったわけですが、この時の経験は私の教師人生を揺るがすほどの大きな意味を持つことになりました。

　行動分析学について、真剣に学び始めたのもこの頃です。

　ちなみに、「教室の緊急事態」であることを早々に直感した私は、転入初日からＡくんの行動記録を取ることにしました。

　量にしてＡ４サイズの用紙が30枚。今も全て私の手元に残っています。

　その一部を抜粋する形で記したのが、先に紹介した「生徒指導の『足並みバイアス』を乗り越える」です。

　引用した中でも特に大切なのが「私は、毎日効果のあった指導と無かった指導をふるいにかけ、効果のあった指導のみを続けることを心がけました」の部分です。

　実にシンプルな内容ですが、教育においては実はこのポイントにこそたくさんの「難しさ」や「問題」が含まれていることが少なくありません。

　効果が出ていないどころか、裏目に出てしまっているケースであっても、「これは今のうちに絶対に教えないといけない」や「伝わるには時間がかかるから」などの理由で対応を変化させることができていないケースが非常に多いということです。

　それはつまり、「見取りのモノサシが無いこと」や、「効果のアル・ナシでふるいにかけられていない」ことを示しています。

　この「ふるい」の部分こそが、今回紹介するＡＢＣ分析です。

では、私が当時Aくんに対して、どのように指導のふるいをかけたのか、具体的に見ていきましょう。

■ 行動の記録を取る

ふるいをかけるためには、まず行動の記録を取る必要があります。

先に紹介した30枚の記録から、初日の部分を抜粋します。

10月1日

〇朝の様子

転入初日。応接室に迎えに行くと、緊張した様子で待っていた。挨拶をしたが返答はなし。自己紹介や「おはよう」の練習を簡単に済ませてから教室に向かうが、みんなの前に立つとできなかった。

〇1時間目（算数）

この日は、全校朝会の為すぐに一時間目が始まった。パソコン教室での授業だったが、始まって早々にキーボードやタイピング表を触って遊び始める。気になるものがあって一旦そちらに注意を向けると、切り替えることが難しい。1回目の授業は、予定や教える内容を変更してでも教室で行うべきであったと反省する。視覚に入る刺激は極力減らした方が良いだろう。

座る姿勢に乱れがあり、集中が切れるとうずくまったり寝そべったりする。最初は、私から離れた席であったが、

近くでの支援が欠かせないと判断し、教卓の近くに座らせることとした。

　黒板の文字をノートに写すことはできなかった。だが、近くにいってノートに薄く書いた後に「なぞれる？できたらすごいなぁ」と背をさすりながら話すと、少しずつなぞり始めた。なぞった一文字一文字に○をつけた。ただ、課題が簡単すぎるとプライドが刺激されるようで「こんなん簡単じゃ」と少々ぶっきらぼうに言っていた。それでも褒められると姿勢に若干の改善が見られたことからも、意識的に「褒める」かかわりは極めて重要であるだろう。

　計算スキルは、なぞる部分だけができた。あとの問題が全く解けないことからも、学力は当該学年より相当下であると考えられる。なぞりについても、線がかなりはみ出すことから、道具の操作も苦手そうである。

　一時間目は早目に授業を終え、「質問コーナー」を設けた。友だちから質問が来るのは嬉しい事のようで、少し笑顔も見られた。クラスに同じ誕生日の子が二人もおり、そのことが分かった時はさらに嬉しそうであった。ただ、質問がいくつか続いてくると、疲れたのか飽きたのか分からないが、興味が無さそうになったので切りのいい所で打ち切った。

○2時間目3時間目は理科と音楽（専科の先生による授業）。

　移動は友だちに手を引かれスムーズにいくことが出来た。授業中何度か様子を見に行ったが、立ち歩いたり物を触ったりしている姿が目立った。

○4時間目（学活）

当番のプレートを改めて記入し、やり方を説明した。

名前は、漢字を使って書くことができた。字形はかなり乱れており、鉛筆の持ち方もおぼつかない部分がある。継続した練習が必要だろう。「なぞり」は大変スムーズに行うことが出来るので、そこを活用した手立てを考えたい。

全員に当番の仕事や個々の課題を与えた上で、私と2人で教室を出て学校内の案内をした。トイレの場所、保健室の場所、くつ箱の場所を教え、翌日の登校してから教室に入るまでのシミュレーションをした。実際に北庭を歩き、自分でくつ箱を見つけ、靴を履き替え、教室まで歩く。1つが出来るたびに、盛大に褒めた。

教室に戻った後、全員で百人一首をした。やったことはあるそうだが、歌は覚えていないので当然取れない。「転校してきたばっかりだから一枚でも取れたら凄いんだよ」と言いながら、一枚を一所懸命練習したが、その札を相手の女の子にいきなり取られて一気にやる気を失くしてしまった。札を投げたりはしなかったが、試合の途中で札を全部まとめて山にしてしまい、相手の女の子が唖然としていた。「負けを受け入れる」トレーニングと、ソーシャルスキルのトレーニングが合わせて必要である。やり方を考えながら、百人一首を再び進めていきたい。

○給食・昼休み・そうじ

給食中は特に大きな異変は起きなかった。近くの子が、本当に親身に手伝ってくれるため準備、片付け、歯磨きな

どもほとんど苦も無くスムーズに行えていた。

　昼休み中に、5時間目の国語で使う漢字スキルと暗唱詩文の使い方を教えた。指書きは難しいようで、単になぞって写せば良い事とした。「5時間目にこれをやるから、準備しておこうね」と声をかけ、極力見通しが持てるようにした。また「詩文集が無い」と言う。朝渡したばかりのはずなのにおかしいので、「もしあったら先生にごめんなさいって言うんだよ」と笑顔で言いながら、一緒に探すとやっぱりあった。途端に笑顔を見せ、「何て言うんだっけ？」と笑いながら聞くと、「ごめんなさい」と言った。すかさず「良く言えたね。何か間違っちゃったなぁと思ったら、そうやって言うんだよ。」と褒めた。

　その後、私が楽器を弾いて「曲あてゲーム」をした。好きなアニメの事になると俄然燃えるようで、この時に初めて心からの笑顔が見ることが出来た。言われたアニメの曲を次々に弾くと、その度に目を輝かせて「ドラゴンボール！」「アンパンマン！」と嬉しそうに答えていた。

　その後は、コマなどを使って友だちと遊んでいた。遊んでいる最中は、コマを回せないこともあってか友だちの様子をじっと見つめていた。友だちとのかかわりの中で、手が出てしまう時があるが、全く悪意がない状態でそれを行っている。場面を細かく分けて、具体的にソーシャルスキルを教えていく必要がある。

　掃除の時間。黒板消しを喜んで叩きながら、教室を走り回る。友だちが嫌がることが理解できていないようである。笑顔で名前を呼ぶと、少し神妙な顔になった。手招きして呼び、「何か先生に言うことある？」と聞くと、笑顔で「ご

めんなさい」と言った。再度褒めると、機嫌が良くなったようでその後はずっと精力的に雑巾がけを行っていた。

○5時間目（国語）

　準備していた漢字スキルを使って、昼休みに教えたとおりにやることが出来た。ただ、漢字は横画たて画共にでたらめで、字の形を正確に把握することが難しいようである。視知覚に何らかの難があることは間違いないだろう。同じく、トレーニングを積む必要がある。

　ただ、初日から失敗体験はさせたくなかったので、字形はでたらめであっても、課題に取り組んだという事で大きな丸を付け、「いきなりで難しかったのによくがんばったね」と褒めた。

　その後、音読のようすも見たが、これも極めて難しそうであった。2年生の漢字があまり読めていないようで、振り仮名がついていてもそれらを正確に発音することが難しい。ディスレクシアの可能性もある。対して、耳から入った情報を繰り返すことはある程度できるので、そばに居ながら一緒に読んであげると、わずかながら読むことができた。

　これが「転入初日」の記録です。

　前の学校からも緊急避難的に転入してきており、引継ぎなどが難しい状態での受け入れであった事情から「その場で対応しながら改善策を考えていく」をせざるを得ない状況でした。

　なぜ、このような詳細記録を取り始めたかというと、「情報の共有」や「指導方針の一本化」を職員全体で行わなければ、

Ａくんの行動改善は難しいだろうと判断したからです。

事実、この日の「２・３時間目」の授業は、私以外の専科の先生による授業でしたが、そこでも立ち歩きや不必要な物に触る場面が幾度も見られました。

そして、その都度担当の先生からＡくんは厳しく注意をされるのですが、行動が改善される気配が全くありません。

一般的には、転校初日はどんな子どもでも比較的大人しくしているものですが、Ａくんにはそうした様子もほとんど見受けられませんでした。

「早急に対応の方針を立て、それを共有する必要がある」と判断したのは、各先生によって対応が異なった場合に、Ａくんがさらに不適応状態を強める恐れがあったからです。

■ ターゲットとなる行動を分析し仮説を立てる

先ほどのＡくんの事例から、学校生活におけるいわゆる「不適応行動」と呼ばれる部分を抽出してみます。

・立ち歩きがある。
・他害行動がある。

その他にもたくさんの困り感を抱えていましたが、授業中に特化して言えば上記の２つが改善を図りたい行動の中心でした。

これが、いわゆる「ターゲット行動」です。

どの行動の問題を解決したいのか、焦点化してから解決策を考えていくということです。

それでは、立ち歩きを例にとって考えてみましょう。

先に紹介した専科の先生の授業での様子です。

【先行事象】 全員が席に 座って授業を 受ける場面	▶	【行動】 立ち歩く	▶	【結果】 専科の先生から 「座りなさい」と 注意を受ける

通常、「人から注意を受ける」ことは、行動を減らす弱化子になりやすいものです。

しかし、Aくんは注意を受けても立ち歩きをやめようとはしませんでした。

それどころか、楽しそうに物に触ったり歩き回る様子が続きました。

ここで一つの仮説が立ちます。

仮説①　Aくんには「音声による注意」が弱化子にならない（なりにくい）

そもそも、転校初日から立ち歩いている段階で、以前の学校でもそうした姿が「常態化」していたことは容易に想像がつきました。

そして、その時も同じように「音声による注意」を受け続けてきたはずです。

それが弱化子になっていないからこそ、立ち歩きが常態化しているのではないかと私は考えました。

１時間目にパソコン教室で行った授業のケースも、同じように見てみましょう。

【先行事象】
・パソコン教室
・「黒板の字をノートに写しましょう」という指示

【行動】
キーボードで
ガチャガチャと音を
出し続ける

【結果】
周りの子たちが唖然
としながらAくんに
注目する

　先行事象としては、先ほどと大差ありません。

　担任（私）の授業であることと、場所がパソコン教室であるということぐらいの差です。

　ここで、Aくんはキーボードでガチャガチャと音を出し始めました。

　周りの子たちが唖然としながらAくんに注目をしても、全く意に介さずガチャガチャと音を出し続けます。

　ちなみに、私はこの時Aくんに対して「注意」をしませんでした。

　「気になる物があると『触りたい』衝動を抑えられない」という傾向はすぐに見て取れたので、「最初はパソコン教室で授業を行うべきでなかった」と反省したのです。

　ここでも、一つの仮説（私の中ではほぼ確信に近いレベル）が立ちました。

仮説②　衝動性が高い傾向にあるため、先行事象の段階で不必要な情報は減らした方がよい

　余計な情報刺激（キーボードやタイピング表）などが無いシンプルな状態で授業を開始すれば、音を出したり歩き回ったり

する行動は減るのではないかと考えました。

さらに、「周りの子たちの唖然とした表情を意に介していない」様子も特徴的でした。

この後に述べる「他害行動」のところでもそうですが、「相手の反応」から気持ちを読み取ることがほとんどできていない様子が見て取れたのです。

音や声を発したり、離席・立ち歩きをする子どもの中には、「注目」の機能を満たすためにそのような行動をとるパターンもありますが、Aくんには当てはまらないと感じました。

仮説③　Aくんの行動には、「注目」以外の何らかの機能が存在している

そして、休み時間です。

友達と一緒にコマで遊んでいる時に、Aくんは近くにいた子を押したり、叩いたりする行動を起こしました。

特に何か理由があってというより、全く脈絡なくドンと体をぶつけたりパシッと叩いたりといった感じです。

それほど強い力ではないのでケンカにはなりませんでしたが、押されたり叩かれたりした子たちは「なんで？」「やめてよ」とAくんに苦言を呈する場面がありました。

【先行事象】 友達とコマで 遊んで いる	▶	【行動】 友達を叩く 友達に体を ぶつける	▶	【結果】 友達から 「やめて」と 言われる

一方のAくんは、友達の困っている様子は意に介さず、体をぶつけたり叩いたりした後はニコニコとしています。

相手が困った表情を浮かべることにニコニコしているのでは

なく、身体的な接触をすることによって満足している様子が見受けられました。

ここまで分析するとＡくんの行動は一貫して、立ち歩いたり、物を触ったり、手を出したりと「何らかの刺激を体に入れるもの」であることが浮かび上がってきます。

仮説④　Ａくんは、何らかの感覚刺激を体に入力することを求めている

もちろん、これらは全て「仮説」ですから確証はありません。

しかし、こうした分析を行うことによって、少なくともＡくんの行動の「特徴」や「機能」に対する予測が立つようになってきます。ここが大切なのです。

あとは、仮説を元に具体的なアクションを起こし、もしも「これは違うな」と思ったら再度分析をし、仮説を立て、実証していけばいいのですね。

では、私が実際に起こした改善アクションを紹介していきます。

■ 先行事象を変える

先ほどの仮説から、Ａくんはそもそも「45分間座りっぱなしの授業」が難しいことが分かりました。

そして、全体指導の中での「音声による指示」も入りにくいことが分かったため、私は次のようにアクションを起こすことにしました。

① Ａくんを教卓のそばの座席に配置し、教師から適宜身体的な刺激を入れてあげる

②授業の中に合法的に動ける仕組みを作る

③音声による指示だけでなく、視覚的に情報を受け取れる機会を増やす

①は自分で刺激を入れるだけでなく、教師から感覚刺激を入れる方法です。

実際に初日の段階でも、背中をさすりながら「なぞり書き」を進めた時は学習にスムーズに参加することができました。

肩や背をポンポンと触ってあげるタッピング等の技術も活用しながら、Ａくんが自分自身で何度も刺激を入れなくてもいいようにすれば、不適応行動が減るのではないかというアイディアです。

②は、授業デザインの工夫です。

既にＡくんが転入する前からも実施していたことでしたが、よりその頻度を増すことを授業の中で設計しました。

「動くこと」によって多動傾向の子たちは集中や安定を持続させることができるというエビデンスも存在するからです。

・音読の際に立って音読する

・カメラ係に任命して友達の活躍を撮影

・トレーシングペーパーを活用したなぞり学習

・話し合いの際に自由に席を立って近くの人と意見交換

・計算問題ができたらノートを教師のところに持ってくる

など、Ａくんが合法的に動ける場を豊かに作り出すことにしました。

それによって、突発的な立ち歩きが減っていくだろうと考

えたのです。

　③は、音声指示が入りにくいことへの配慮です。

　「視覚支援カード」を活用しながら、Ａくんが望ましい行動を選択しやすいように指示の出し方を工夫してみました。

　関連する当時の記録をいくつか抜粋します。

10月2日

　発表中、聞く時間が長いと集中が切れるようで、後半15分くらいのところで不意に立ち歩き始めた。「じゃあ、ぐるっと一周してからもどっておいで」と声をかけると、ニコニコ教室を一周して戻ってきて、落ち着いて座った。その後は、一度も立ち歩かなかった。学習に動きを伴わせることで、脳がドーパミンを増し、落ち着きを取り戻しているのかもしれない。今後も、全体の授業の中で意識的に動ける場面を増やしていこうと思う。

10月5日

　百人一首トーナメントに参戦は出来ないので、この日は「カメラ担当」ということで、みんなの写真を撮ってもらった。機械が結構好きなようで、パソコンもそうだが、カメラにも強い興味を示した。撮った画像をプレビュー画面で確認してニコニコ笑うなど、教えていない操作も結構できる。ただ、通常なら考えられない程近くに寄って撮影するので、撮られた子たちがかなり困惑していた。どのぐらいの距離で撮影し、試合中は撮らずに椅子に座っておくことを伝えると、きちんとできた。少しずつ、こちらの提示したルールを守ろうという姿勢が見えてきたように思う。

10月16日

　この日から「視覚支援カード」を使用し始めた。発達に凸凹のある子どもたちは、指示を「聴く」ということがとても苦手な場合が多い。Aくんも例外ではなく、1回の指示では反応が無いことが頻繁にある。そのため、音声情報での指示ではなく、視覚的な支援の方が効果があるかもしれないと考えた。以下のようなカードである。

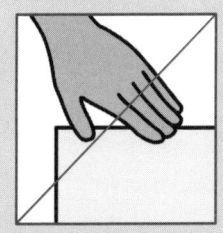

イラスト：ドロップレット・プロジェクト シンボルライブラリより。

　カラー印刷したものをラミネートし、○○学級（通級学級）にも同じセットを置いた。

　効果が顕著だったカードがいくつかあった。

　○○学級にて授業を受けたとき、今日は始業のチャイムが鳴っても、教室の太鼓をどんどん鳴らし続けていたらしく、「しまいます」と声をかけ続けたが止めなかったそうだ。視覚支援カードの「やめましょう」を提示すると、笑いながらしまったと聞いた。

　先行事象を変えることで、Aくんの不適応行動が着実に減ってきている様子が伝わることと思います。

　「45分間の座りっぱなしの授業」「音声による口頭指示」に、いくつかの工夫を加えることでAくんの行動には確かな変容が見られました。

最後の部分の通級学級に行った時の例でも、

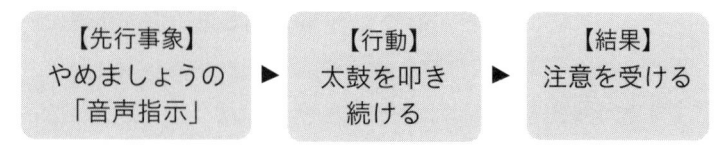

| 【先行事象】
やめましょうの
「音声指示」 | ▶ | 【行動】
太鼓を叩き
続ける | ▶ | 【結果】
注意を受ける |

だったのが

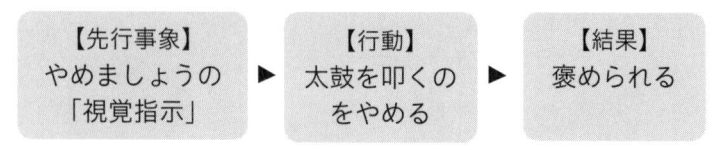

| 【先行事象】
やめましょうの
「視覚指示」 | ▶ | 【行動】
太鼓を叩くの
をやめる | ▶ | 【結果】
褒められる |

に変わったことが分かります。

■ 行動を置き換える

どれだけ先行事象を変えたとしても、「衝動的な立ち歩き」「突発的な他害行動」の全てが変わるかと言えば難しい部分もあります。

そこで、「もし〜〜をしたくなったら」という前置きをつけた上で、Aくんに次のことを教えることにしました。

①代替行動（〜〜したくなったら……をする）
②セーフライン（〜〜までだったらしても OK）

具体的には以下のように教えました。
こちらも当時の記録から抜粋します。

10月4日

　フラッシュカードは最初じっと見ていたが、ついてこられないので興味がわかないようだった。その後、お店見学についての質問を検討する際、どんどん集中が切れてきたようで、20分ほど経ったあたりで立ち歩き始め、近くの子の持ち物を触ったり、腕を掴んだりする。すかさず、全員に課題を与え、別室にて「授業中立ち歩きたくなった時」の対応を教えた。

　①どうしても立ち歩きたくなったら、先生の方を見る。

　②動きが抑えられないときは、手をグッパグッパする。

　①の瞬間で、見つめ、微笑むだけで自閉傾向の子は安心し落ち着くことがある。また、それでも落ち着かなければ、近くに行って肩をポンと触ったり、頭をなでたりできる。

　②はセーフラインである。

　これらを簡単に教え、「できたら凄いね」と励ましつつ教室に戻した。この日は、それ以降私の授業の時は一切立ち歩かなかった。授業が終わった後の休み時間で呼び、これも褒めた。

10月17日

　歌を歌っている途中は、昨日までの事があったので改めてセーフラインを示すことにした。どうしても動きたくなった場合や、何かに触りたくなった時は、私の腿を叩いて良い事にした。歌が始まる前に練習もした。すると、今日は開始からずっと順調に歌い続けている。途中、我慢ができなくなったのか、私の腿を1回パシッと叩き、その後再び落ち着いて歌い続けた。結局、立ち歩きは無く、物や

友だちに触ることなく、最後まで参加ができた。

　考察として、おそらく新しい場所の独特の雰囲気に何らかの落ち着かない要素があるのかもしれない。人や物に触る事で安定を得ている可能性がある。

　立ち歩きはなくなったものの、近くの子を触ったり叩いたりの行動はなかなか減らず、特に長時間、歌を歌い続ける場面ではその行動が顕著に見られました。

　そこで、「友達を触ったり叩いたりするのではなく、先生の腿までなら OK」と教えてあげたのです。

　要は、ボクシングのミット打ちのようなものです。

　トレーナーがボクサーのパンチを手で受けるように、「叩くのは本来良くないけれど、先生の腿だけなら OK」と教えてあげたのでした。

　これは、先の仮説「何らかの感覚刺激を体に入力することを求めている」に照らしたものです。

　の状態から、

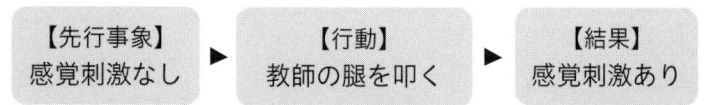

　ちなみに、その当時はそれほど開発が進んでいませんでしたが、現在ならば「センサリーツール」というものが世の中に存在します。

　センサリーツールとは、子どもの感覚刺激に働きかけ、その

子のセンサリーニーズ（感覚刺激欲求）に応えることで、様々な行動調整を行うための感覚刺激教具のこと。

　手をひらひらさせたり、鉛筆をかじったり、足をぶらぶらさせたりするような行動がみられる時に、その代替刺激を入れることが可能になるツールのことです。

　Aくんの事例で言うならば、「手からの感覚刺激」「触ったり握ったり叩いたり」という様子が透けて見えるので、今ならばきっと以下のようなセンサリーツールを渡してみるはずです。

　これは、東京技術教育研究所から発売されている「にぎモン」というセンサリーツールです。
　商品ページには次のように書いてありました。

　　手遊びなど制限するよりも、「にぎモン」によって感覚刺激を手から入力します。
　　その感触が脳や体を刺激します。
　　その結果、集中力アップ・落ち着く時間の向上・コミュニケーション促進効果、学習意欲のアップに繋がります。

　他にも、ほぼ同義の言葉に「センサリートイ」がありますが、こちらをAmazonなどのECサイトのページに入力すると、商品がずらりと出てきます（次ページ）。
　特に、右から2つ目のフィジェットキューブは私も実際に使ったことがありますが、大きな効果を得られた事例がいくつかありました。

Early Learning Centre アーリ
ーラーニングセンター 赤ちゃ
んおもちゃ ベビートイ はじめ
てのレインメーカー ラトル…

Early Learning Centre アーリ
ーラーニングセンター ソフト
ベビーボール センサリートイ
センサリーボール 赤ちゃん…

HelloGO フィジェットキューブ
サイコロキューブ ストレス解消
キューブ 6in1 リリーフ 手持ち
無沙汰を解消する玩具 おも…

プラントイジャパン
(PLANTOYS JAPAN) センサリ
ータンブリング パステル 5258

　お子さんの中に「リモコンをずっといじって遊んでいる」様子が見られることがありますが、あれは手指から入力される「ボタンを押し込む感覚」や「パチッと切り替わる感覚」などを楽しんでいると言われます。

　実際にリモコンを与えるのではなく、その代替となる刺激が入るツールを渡してあげる方法ですね。

　「手持無沙汰を解消する玩具」とあるように、適切な感覚刺激が入力されることで、そもそも不適応行動が起きにくくなる事例を私も何度も見てきました。

　「じっとしてなさい」「静かにしていなさい」とまるで「死人でいなさい」のような指示を与えるのではなく、「代わりにこれをしてみたら？」「ここまでならばセーフだよ」と言ってあげる。

　これがつまり「行動を置き換える」という工夫です。

　Ａくんの事例でも、一つの代替行動ではうまくいきませんでしたが、手を変え品を変えながらフィットする方法を探ると、その場における不適応行動の頻度は激減しました。

■結果を変える

　「手が出る」「立ち歩く」がＡくんの事例では最重要のターゲット行動だったわけですが、もちろんそれ以外にも改善を図りたい行動はたくさんありました。

　例えば、初日からできなかった「自分から挨拶をする」という行動。

　他にも、Ａくんはやる気が無くなってくると、面倒くさそうな態度を見せて今取り組んでいることを投げ出してしまうことも多々ありました。

　恐らく、今まで「挨拶をしなくても何も言われなかった」経験を多く積んできているのだろうなという予測が立ちましたし、「面倒くさそうな態度を見せれば活動を投げ出せる」経験も積んできていることも容易に想像がつきました。

　そこで、「結果を変える」というアプローチもとりました。

　該当する記録を抜粋します。

10月16日

　初めての書写だったので、念のため別室にて学習の見通しを持たせておいた。道具は忘れていたので全て貸し出した。

　道具を準備する際、手順を細分化して１つ１つやらせていると「もう。全部わかるし。」と腹を立てる。プライドに障ったようで、少しふてくされながら授業が始まった。次回からは、準備もある程度任せることにする。

　横画の復習を、映像をループ再生して見せながら行った。「横画を、５本書きます」と指示すると、黙々と取り

組んでいた。しかし、終わるとすぐに手持無沙汰になるらしく、5本の上から線を書き足してぐちゃぐちゃにしてしまった。「5本書きます」と同じことを言って、新しい半紙に書かせた。今度は5本書いて、新聞紙にしまうことができた。上手な線を褒めた。

その後、今日習う「大」の字のなぞり書きプリントを配布した。最初に、指でなぞり、その後に空書き→筆で書くという流れで行った。最初の指書きの際、やろうとせずにぼーっとしている。「一緒にやります。」と言っても反応が無い。面倒くさがっているのが分かる。ごく簡単な作業の段階で、見許していくことは後々良くない影響があると思い、一旦全員を止めて、話をした。「Aくん、指書きをしていませんね。なぜしないんですか。」語気は強めず、柔らかく聞いた。ただ、全体が止まっているので悪い事をしたと思ったらしく、「ごめんなさい」と言う。ここも譲るわけにはいかなかったので、「ごめんなさいではなく、なぜ指書きをしないか理由を聞いているんです。」と言った。あくまで語気は強めず淡々と言った。数秒待つと、「面倒くさかった。」と言う。そこで、「そうだよなぁ」と一旦同意した上で次のように言った。「勉強と言うのは、めんどうくさいことがたくさんあります。これはピアノや野球などの習い事も同じです。ただ、その面倒くさいなぁと思うことが出来る人は、勉強がどんどんできるようになります。」と話して、すぐさま指書きを再開した。渋々ながらやっていた。声には出さず、頭を撫でて表情で褒めた。

その後、なぞり書きで素晴らしい字を書くことができた。大きな丸をつけ、みんなにも見てもらいながら強く褒めた。

その上で、「さっき、面倒くさいなぁと思うことをちゃんとやっていたからだよ。偉かったね。」と小声で褒めておいた。

これは、先に紹介した「消去」（その行動をしても望ましい結果が得られない）を活用した対応です。

今までならば

【先行事象】		【行動】		【結果】
面倒くさいことあり	▶	「面倒くさい」と言う	▶	面倒くさいことなし

と面倒くさい活動から「逃避する」という機能が満たされていたわけですが、その機能が果たされなくなった状態を作ったのです。

【先行事象】		【行動】		【結果】
面倒くさいことあり	▶	「面倒くさい」と言う	▶	面倒くさいことあり

Ａくんの場合も、「面倒くさい書写の学習」から「面倒くさい」と言っても逃げることができなかったという経験によって、確かな変化が見られました。

何より、その面倒くさい学習を経たことによって字がうまくなったり、先生から褒められたりという別の強化子を渡していこうとしたのです。

行動の記録にもありますが、「すかさず褒める」「間髪入れずに褒める」という強化子の渡し方の原則でお伝えしたことを、私も忠実に守っていたことが分かります。

そして、「挨拶の件」についても驚きの変化がありました。以下、挨拶に関連する記録のみを時系列に抜粋します。

○1日目

転入初日。応接室に迎えに行くと、緊張した様子で待っていた。挨拶をしたが返答はなし。自己紹介や「おはよう」の練習を簡単に済ませてから教室に向かうが、みんなの前に立つとできなかった。

○2日目

学校前に、何事もなかったように集合が出来ていた。挨拶はまだ出来ないが、昨日より表情がかなり柔らかい。頭をなでながら、「ちゃんと来れたね」と声をかけた。

○3日目

挨拶に対する返答が無く、「おはようって言われたら、おはようって言えるといいね。」と伝えたところ、「なんでそんなん言わんといけんの。」と言っていた。彼が納得できる形で「あいさつを返す」というスキルを教えていきたい。

○4日目

通学は特に問題なく行けたようだ。朝、会ってから「おはよう」と声をかけると、初めて「おはよう」と返ってきた。盛大に褒め、頭を撫でた。望ましい行動はどんどん強化し、明日以降も継続してできるように支援していきたい。

○５日目

朝、学校前につくと、友だちと肩を組んで近寄ってきた。「おはよう」と声をかけると、「おはよう」と返ってくる。二日連続で挨拶がしっかりできたことを褒めた。

○９日目

学校前にて、遠くからAくんを探す。数m向こうを歩いていた彼は、何と友だちに自分から挨拶をしていた。「おはよう」と笑顔で言いながら、肩を組むしぐさなどをしていた。これは凄いことだ。その後、私の近くに来た時に表情であいさつの仕草をすると、「おはよう」と自分から言うことが出来た。頭をなでながら、盛大に褒めた。

○12日目

友だちに自分から「おはよう」と言っている姿を３回目にする。挨拶が自分からできるようになってきた変化には、ただただ驚くばかりである。正直な所、こうしたコミュニケーションが取れるようになるまでは、もっと時間がかかるものだと思っていた。

　このように「教える」→「真似する」→「自分からする」という大きな変化が起きたことが分かります。

　ここでも大切なのは、強化子を渡す「タイミング」と「強度」です。

　望ましい行動が起きた時は間髪入れずに褒めることと、その強度にも段階をつけることです。

　特に９日目、自分から挨拶が初めてできた時は最大強度の褒

め言葉をかけました。

　頭をなでながら、「やったねー！先生嬉しいよ！」と思いつく限りの言葉を並べて褒めたたえたことを覚えています。（尚、「頭をなでる」というかかわりは、お子さんによっては「恐い」と感じる場合もあるので注意が必要です。Ａくんの場合はとても嬉しそうにしていたのでこれも強化子になると判断したのでした。）

　Ａくんにとってみれば、「挨拶を返す」と褒められて、「自分から挨拶をする」とこれほどまでに人が喜んだり盛大に褒められたという経験によって、「挨拶」という行動がどんどん強化されていったはずです。

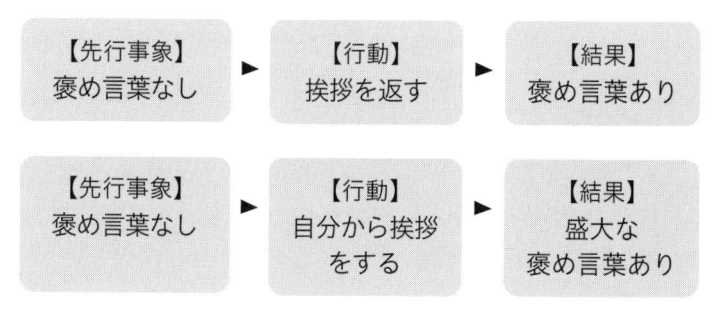

　これは、「挨拶はして当たり前だ」「こんなこともできなくてどうするんだ」というスタンスで教師側がいるならば、起こすことが出来なかった変化であったとも思います。

　自分から挨拶をするという行動を手に入れたことによって、Ａくんは周囲とのコミュニケーションがますます円滑になっていきました。

■Aくんとの３週間、その後

　ここまで見てきたように「先行事象を変える」「行動を置き換える」「結果を変える」といういくつかのアプローチによって、Aくんの行動はみるみる変容していきました。

　特に「感覚刺激を満たすアプローチ」と「音声ではなく視覚情報による支援」は大きな効果を発揮したことが読者の皆さんにも伝わったかと思います。

　尚、「朝のルーティン行動」についても、同様のアプローチで大きな行動変容が生まれたので併せて紹介しておきます。

10月19日

　教室に入ると、今日は既に座って本を読んでいた。しかも、宿題の漢字プリントが机の上に提出してある。プリントに、名前もちゃんと書いてあった。

　視覚支援カードと一緒に、以下のようなカードを作って配っておいたのだが、効果があったのかもしれない。

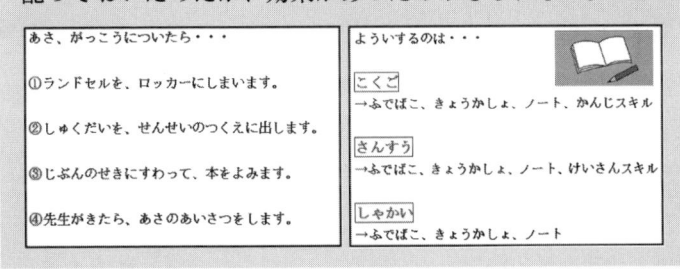

　これは、「構造化」と呼ばれる方法で、Aくんが「朝やること」を手順を踏んで分かるように示したものです。

　これまで、朝教室に行くと、物を投げたり、友達を押したり叩いたり、そこら中をウロウロ歩き回っていたAくんが、準

備を済ませて席に座って本を読んでいたのです。

　挨拶が自分からできるようになり、他害行動は見違えるように無くなってしまい、なによりＡくん自身の笑顔が増えました。

　ここまでが、3週間の記録です。

　Ａくんはその後、再びおうちの方の事情で突如として転出していきます。

　その時のクラスの子たちの様子も記録に収めてあるので、紹介します。

10月22日

　学校に着いてすぐ、「転出することが決まった」との報告を受ける。

　職員朝会を終え、教室に入ろうとすると〇〇先生から「Ａくん来てますよ」と教えてもらう。荷物の受け渡しなどの為に、来校したとのことだった。Ａくんは、お父さんと一緒に、私服で学校に来ていた。

　申し出たところ、クラスでのお別れの時間をいただけるとのことだった。別室にて少し話をし、「お別れの挨拶できる？」と聞いたところ、「うん」と答える。いつになく神妙で、けれどどこか落ち着かない様子をしている。新たな環境の変化に戸惑っていることが窺える。お別れをとても寂しく思っていることと、次の学校でも〇小で頑張ったようにいろんなことにチャレンジしてねという話をした。一つずつ、「うん」と言って返してくれた。

　一緒に教室に入ると、子どもたちが彼の私服を見て驚く。そして、「急な事ですが、今日を持ってＡくんが別の学校に転出します。」と伝えた。子どもたちは大変驚いていた。

　小さく切っておいた八つ切り画用紙を配り、お別れの手紙を全員で書くこととした。書いている途中から、数人の子がポロポロと泣き始める。Ａくんにも同じように手紙を書いてもらった。

　書けた子から順に、Ａくんに一言を添えて手紙を渡すことにした。Ａくんは、手紙をもらう時にかなり照れている様子だった。

　Ａくんの手紙には、次のように書いてあった。

> さようなら　ありがとう　○○

　全員が手紙を渡し終えたところで、改めてお別れの挨拶をした。Ａくんは一言、「さようなら」と言った。みんなも「さようなら」と返した。大勢の子が涙していた。

　その後、Ａくんを見送った。子どもたちの書いた手紙を見て、○○も涙されていた。お父さんからも、「お世話になりました」とあいさつを受ける。玄関まで見送った後、教室に戻った。

　子どもたちは全く泣き止む様子が無く、とても授業できる雰囲気ではなかったので、少し話をした。

　３週間の間、Ａくんの様子がどんどん変わってきたこと。それは、学校でみんなが優しく迎え入れてくれたからだということ。別れはとても寂しく悲しいものだけど、人生には別れがつきものであること。そして別れがあるからこそ、新たな出会いの喜びがあること。話をすると、かえって子どもたちの泣き声はどんどん大きくなった。そして積極的にＡくんのことを助けていた子に、エピソードを交えながら感謝を伝えた。残りの時間は、この３週間の事を作文

> に書くことにした。子どもたちの文章を見てみると、それ
> ぞれの内面的な成長が顕著に見て取れた。Ａくんのお陰で、
> クラスは間違いなく前進したと確信する。わたしもまた、
> Ａくんとの出会いを通して多くの事を学ばせてもらった。

　学級全体を震撼させた 10 月 1 日の転校初日から、別れの際に涙涙で見送れるようになるほどに子どもたちの関係性が深まっていたことにも、私は胸を打たれました。

　一つ一つの行動への私の対応は、今読み返してみれば拙いところも散見されます。

　ですが、当時 20 代の若手教師だった自分にとってみれば、これが「精いっぱいの自分にできること」だったのでした。

　Ａくんの転出先には、この行動記録 30 枚と共に、挨拶を添えて送っておきました。

　読者の皆さんにも ABC 分析を私がどのように学級において生かし、活用してきたのかが伝われば幸いです。

■教師、保護者、子どもを救う「ABC分析」

　ここで、実際に学校現場で ABC 分析を取り入れ、実践し始めた方の手記を紹介します。

> 　『教師も子どもも救うＡＢＣ分析』
> 　　　　　　　　　　東京都公立小学校教員　野間遼平
> 　渡辺道治先生の Voicy『特別支援オーディオセミナー』
> を聴いて、初めて ABC 分析という言葉に触れました。教

員人生の中で、これほどもっと早く知りたかったと思った情報は少ないと思います。

　ABC分析を知る前の自分は、がむしゃらに子どもたちに向き合ってきました。文字通り体当たりで子どもとぶつかるときもありました。自分の考えを熱意をもって伝え、何ができるかを考え、必死に向き合ってきたつもりでした。しかし、私が注目していたのは問題行動をとる子どもの姿だけでした。どうしても子どもの行動に目が行き、その行動の背景まで考えることができなかったのです。その結果、子どもを見る視点も、できないことばかりに目がいくようになってしまいました。変わらない子どもの姿に、「自分はこれだけやっているのに、いくら向き合っても自分にはどうしようもない。あの子に原因があるんだ。」と自分に対して、何よりも子どもに対してとても失礼な言い訳を並べていたこともあります。

　ABC分析を知ったことで、私にとっては日々の児童への指導に、児童への見取りに、光が差したような気持ちでした。がむしゃらに向き合っていたところから、理論的に子どもたちの姿を見ることができる機会が増えました。ABC分析を渡辺先生から教わってよかったと思えることが特に二つあります。

　一つ目は、子どもたちの姿をよく見るようになったことです。子どもたちの行動のなぜを探るには、その行動の前と後に注目することが大切です。このABC分析の基本的な考え方を知ってから、子どもたちの行動だけに注目してすぐに指導するのではなく、その前後の子どもの姿についてもよく見るようになりました。

二つ目は心の余裕です。原因がわからないことや、見通しがもてないことに、人は不安を感じやすいと思います。しかし、ABC 分析を使ってみることで、子どもたちの行動だけでなく、その前後にある「なぜ」について考えることができます。どのようにして子どもたちの行動を見ればよいのかわからなかった自分にとって ABC 分析は指導の羅針盤のようなものです。子どもたちの行動に対して、なぜその行動をとるのだろうと心の余裕をもって冷静に見ていられる時間が増えたように感じます。

　もちろん、私もまだまだ完璧ではありません。ただ、以前よりも子どもたちの姿に目を向けることができるようになった自分がいます。だめなあの子を、困っているあの子へと教師の見方を変えてくれる ABC 分析。今もし、児童対応に困っている先生がいらっしゃるのなら、ぜひこれから一緒に学んでいけたら嬉しいです。

　野間先生は、私が A くんを担任したころとちょうど同じ年齢です。

　手記の中に書かれているように、「問題行動だけを問題視」してしまったり、「その子自身の中に問題の原因」を求めてしまったり、という状態は今も現場で起き続けています。

　そして、ジャンタイさんとのやり取りにもあったように、「子育て」の中で、同様の悩みにぶつかっている保護者の方々も少なくないでしょう。

　でも、私や野間先生にできたように、20 代でそれほど教職経験が足りていなかったとしても、「見取りのモノサシ」を獲得し、改善のための「ツール」を使えるようになると、A くん

のような行動改善が様々な場面で起こせるようになるのです。

そのためにも、まずは行動の記録を取りましょう。

ABC分析が初めからうまくいかなくても、この行動記録を取るだけで、いろんな世界が見えてくるようになります。

そして、記録を取った後は、分析をし、仮説を立ててみましょう。

野間先生も書いているように行動の「背景」や「機能」の部分を注意深く観察するのです。その際にはぜひ、第1章から3章でお伝えした「見取りのモノサシ」を使ってみてください。

試行錯誤を繰り返しながら「効果のあった方法」を見つけていくことができれば、行動改善はどんどんと進んでいくでしょう。

尚、「ふるい」をかけるのが難しい場合は、本章で紹介したABC分析の「3つの箱」を使ってみてください。

一度でうまくいかなくても、繰り返し試行錯誤を重ねていく中で、きっと行動改善への光が差し込むことと思います。

いやなことが「出現」する弱化

　小学校の頃の給食で、私はたった 1 つだけ大嫌いなメニューがありました。「春巻き」です。

　1 年生の頃に、その春巻きを初めて食べた時。味が合わなかった私は気持ちが悪くなり、教室で吐いてしまって保健室に行ったという出来事がありました。

　どんな味かも鮮明に覚えています。

　ひじきが沢山入っていて、ドロッとした触感の中身が口の中に広がるあの春巻き。調理員さんには大変申し訳ないことですが、以来、数か月ごとに出てくる春巻きが脅威になりました。

　給食ですから、基本的に 6 年間味付けは変わりません。

　「残すのはダメなこと」と教えられていたこともあって、逃げ場もなくなってしまった私は、あまりに春巻きを食べるのが嫌で学校をずる休みしたことがあるほどです。

　毎回ずる休みをするわけにもいかず途中からは「こっそり友達にあげる」という技も体得しました。

　結局、以後春巻きを食べることなく私は卒業したのです。

　大人になって、全く別の味の春巻きを食べるまで、私の春巻き嫌いは続きました。周りから見れば大したことがなくとも、本人にとっての弱化子は切実なものであることが多いのです。

第五章

行動分析学のツールを手に入れよう②

■ トークンエコノミー法とは

　前の章では行動分析学のツールである ABC 分析の活用例を
お伝えしました。

　本章ではもう一つの代表的な技法、トークンエコノミー法に
ついてお伝えしていきます。

　トークンとは、「貨幣の代用」という意味の言葉。

　分かりやすい例で言えば、我々が普段買い物をする時に使っ
ている「ポイントカード」や「サービス券」があります。

　私がよく行くラーメン屋にもこのサービス券があり、「1 回
ラーメンを注文すると 1 枚のサービス券がもらえる」ことに
なっています。

　そして、サービス券の枚数に応じて以下のような特典を受け
られます。

● 5 枚で特製ギョーザ 1 皿と交換できます。

● 10 枚でラーメン 1 杯と交換できます。醤油・味噌・塩か
　ら選べ、+130 円で特製味噌ラーメンや辛味噌ラーメン
　も注文できます。

● 13 枚でプレミアム塩とんこつラーメン 1 杯、つけ麺 1 杯、
　ウルトラ激辛ラーメン 1 杯、期間限定ラーメン 1 杯と交
　換できます。

サービス券自体はお金ではありませんが、「貨幣の代用」と
して使えるものとなっていますね。

　これこそが、トークンです。

　そしてトークンの力を活用しながら、望ましい行動を引き出
し、習得させていく方法が「トークンエコノミー法」です。

定義も念のため書いておきましょう。

トークンエコノミー法
・あらかじめ約束しておいた行動ができたら、トークン（スタンプ、シール、カード、ポイントなど）を与える。
・一定数たまると、あらかじめ約束しておいた物品（強化子）と交換することができる。

先のラーメン屋の例でいえば、「あと〇枚でプレミアム塩とんこつラーメンが食べられるな」という思考が働いて、「ラーメンを食べる」という行動が強化される図式が見えてくるはずです。

私が現在暮らしている北海道東川町（人口約 8000 人）には、「町内の買い物の際に使える独自のポイントカード」も存在します。

「HUC（ひがしかわユニバーサルカード）」といいます。

町内の加盟店で利用できる電子マネーカードであり、下記のような機能を利用することができます。

●加盟店でのお買い物をすると、110 円（税込）につき、1 ポイント貯まる！
●加盟店で、1 ポイント = 1 円としてお買い物ができる！
●一部加盟店で来店ポイントがもらえる！

●町内で開催されるイベント・ボランティア参加などでポイントがもらえる！

●電子マネーをチャージし、加盟店でお買い物することができる！

●毎月 29 日は HUC の日でチャージ金額の 3％をプレゼント！

買い物だけでなく、「来店」や「イベント参加」「ボランティア」などでもポイントがもらえる仕組みです。

29 日にチャージ金額の 3 ％がもらえるというのも驚きです。

10 万円をチャージすると、それだけで 3000 円分のポイントが付いてくるのです。

この HUC は、町内だけでなく町外にも広がっており、利用者の数は 20 万人を超えました。（2024 年 4 月 14 日北海道新聞）

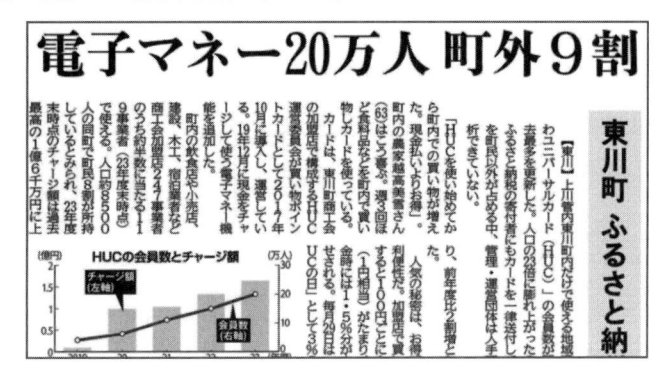

人口約 8000 人の町の中だけで使えるポイントカードの利用者が、20 万人を超えたのです。

私がよく利用している居酒屋にはカラオケがついているのですが、ここで「100 点」を出すと「10000 ポイント」がプレゼントされるという大盤振る舞いも。

カラオケ好きの妻は、「高得点を出してみせる」と日々歌唱練習にいそしんでいます。

どうです？東川町にすこし遊びに来てみたくなりませんか？

つまり、トークンエコノミー法は、私たちの生活の様々な場面で既に広く活用されているものであり、かつ「人々の行動を多岐にわたって引き出すモノ」ということがお分かりいただけると思います。

ポイントというものを活用するだけで、ラーメンを食べたり、イベントに参加したり、歌を歌ったり、町や店を訪れたり、20万人以上の人が動いたりするような仕組みが実際に社会のあらゆるところで活用されているのです。

これを、教育シーンに応用することで「不適応行動」から「適応行動」へと行動改善を図っていくことが可能となります。

■ トークンエコノミー法はなぜ行動改善に有効なのか ■

第2章で私は次のように書きました。

　学校に通う子どもたちを想像してみてください。

　先生方は、いろんな方法で望ましい行動を強化しているはずです。

　褒めたり、にっこり微笑んだり、頭をなでてくれたり。

　それによって、子どもたちは様々なルールや仕組みを理解していきます。

　定型発達のお子さんの多くは、そうやって自然といろんな行動の仕方を学んでいくわけですが、仮に、それら諸々の「強化」が入りにくいお子さんの場合はどうでしょうか。

　「褒め言葉」が、自分にとって嬉しいことだと理解でき

なかったら。

「微笑む表情」から、相手の気持ちを読み取ることができなかったら。

「頭をなでる」という行為が、嬉しいどころか怖さを覚えてしまっていたら。

この子は、望ましい行動が「強化」されることなく、学校で毎日を過ごすことになります。

特に自閉傾向のお子さんにこうした発達の凸凹が多いわけですが、そうした子たちには「強化子の幅が狭い」という特徴も往々にして見られるのです。

だからこそ、新しい強化子を獲得していくことには大きな意味があります。

その子たちの望ましい行動が、強化子を増やすことによって引き出されやすくなっていくからです。

前の章のAくんの事例を思い返せば、この文章の意味がより明確に理解できるのではないかと思います。

Aくんは相手の表情から気持ちを読み取りにくかったり、その場の状況にふさわしいルールなどを理解したりすることが難しい特性をもっていました。

そして、「音声による指示」も入りにくいという特性も併せ持っていました。

様々な特性が重なることによって、「望ましい行動」が強化、習得されていないケースが現場では山ほど存在するのです。

その時に、このトークンエコノミー法は極めて強力なツールになります。

先にも書いた通り、トークンによって「新たな強化子」を創

出していくことが可能となるからです。

また、「視覚的な達成感」が得られやすいこともこの方法の優れた点です。

たまったトークンによって獲得できた「ご褒美による喜び」だけでなく、「これだけの数を積み重ねることが出来た」という達成感を同時に感じることができるのです。

たまに、トークンエコノミー法に対して「ポイントなどの外発的な動機付けに頼ってしまうとポイントが無くなった時に元に戻ってしまうのでは…」という危惧を耳にすることがありますが、「ご褒美だけを与える方法」ではないことをまずは押さえておいてください。

私の経験則では、「ご褒美の喜び」よりも「達成感がもたらす価値」の方が最終的に遥かに大きくなっていきます。

そして、この達成感こそが「自信」を深めることに繋がっていくのです。

私は、場面緘黙、行き渋り、不登校、かんしゃくなど様々な不適応行動の事例でトークンエコノミー法を活用してきましたが、どの場合でも最後はトークン自体が不要になりました。

積み重ねた達成感による自信や、継続する中で得られた習慣が、その子自身の行動を根本的に変容させていくことができるからだと私は理解しています。

それでは、実際に私が学校現場でトークンエコノミー法を活用した事例を見ながら、使い方のポイントを見ていきましょう。

■Bちゃんの事例

　小学１年生のBちゃん。
　入学して間もないころからお母さんと離れることが嫌で仕方ないようで、毎朝のバス停で「やだー！！」と泣き叫ぶ毎日を過ごしていました（その学校は通学の際にバスを使用している学校でした）。
　どれだけ優しく声をかけても、厳しく乗るように促しても、Bちゃんは屈しません。
　バス停が一緒の他の保護者の方々もあの手この手を試してみますが、効果はありませんでした。
　泣き叫びながらなんとかバスに乗れても、学校に着いてからBちゃんはしばらく勉強に向かうことができません。
　学校にいる間もお母さんお母さんと泣き叫んで、仕方なくお迎えに来てもらうこともしばしばでした。
　お母さんは、妹の幼稚園の送り迎えもあるので、Bちゃんの行き渋り行動に毎日ヘトヘトになってしまっていました。

　ここまでの「見取りのモノサシ」を使うならば、Bちゃんの行動は明らかに「逃避」です。
　そして、お母さんと一緒に過ごせる時間を「獲得」しようとしているのでした。
　このように、行動の機能は「たった一つ」という場合もあり

ますが、複数にまたがっている場合も少なくありません。

　当時、同じ学年の他のクラスを担任していた私は、Bちゃんの担任の先生にいくつかのアドバイスをしました。

　その一つが、「環境調整」です。

　「逃避」の場合、その場所や環境に「何らかの嫌なこと」が存在する場合や、逃げた先に「何らかのメリット」が存在することが往々にしてあります。

　先にも紹介した『メリットの法則』に秀逸な例が載っていたので、引用します。

　国民的な某アニメの主人公が「学校に行きたくなーい！」と泣き叫んでいる姿を思い浮かべながらこの図を見てください。

（画像：奥田健次『メリットの法則　行動分析学・実践編』集英社新書　p.163）

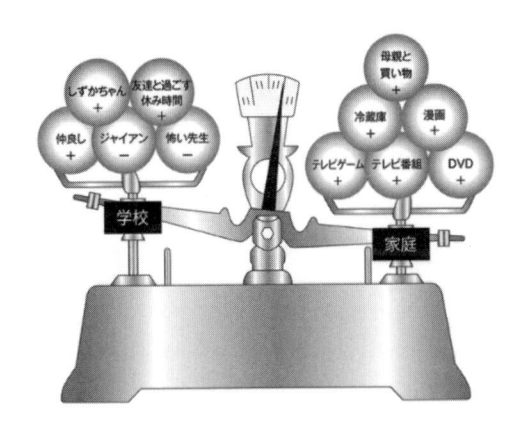

　学校と家庭の二つの天秤の皿に、様々な強化子や弱化子が載っています。

　学校に行くと、好きな女の子（強化子）がいればいじめっ子

（弱化子）もいる。

　対して家庭の天秤には、ゲームやマンガやテレビなど強化子だらけ。

　これでは、どう頑張っても行動のお皿は学校に傾くことはありません。

　これを、奥田氏は「てんびんの法則」と名付けています。

　では、この時にどうすればよいか。

　いじめっ子は相変わらず登校するし、先生のキャラクターもそう簡単には変わりません。

　ならば、まずは家庭における強化子を減らしてみるのです。

　同著から再び図を引用します。

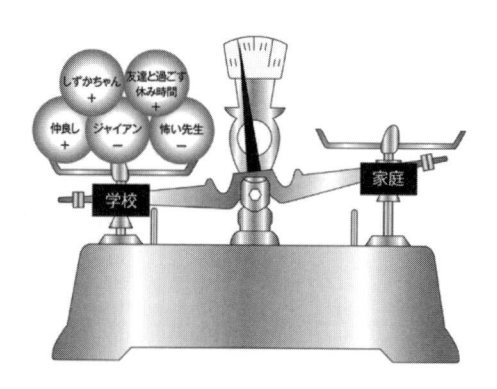

　「学校がある時間におうちにいる時は、マンガもゲームもテレビもなし」のようにしたわけですね。

　こうすると、「家にいることがつまらなく」なるため、自然と天秤は学校に傾きやすくなります。

　これが、環境調整です。

　先のBちゃんの事例においても、私は担任の先生と相談した上で、お母さんに「家にいる間にしていること」を確認し、

その上で「できるだけ休んでいる時間はつまらない時間を家で過ごすようにしてみてください」と伝えました。

もちろん、この天秤の法則についても伝えた上で、です。

しかし、それでもBちゃんのバス停での泣き叫びは収まりませんでした。

相変わらずバスには乗れずに、毎日お母さんが学校に車で送り迎えをする日々が続いたのです。

ただし、学校で機嫌よく過ごせる時間も増えてきていましたし、担任の先生も某国民的なアニメとは違い大変優しい先生でしたので、学校にはほとんど弱化子が無い状態であることも容易に想像がつきました。

感覚としては、「あともう一押し」といったところまで来ていたのです。

そこで、次なる手を打つことにしました。

学校側の天秤に、新たな強化子を設ける取り組みです。

■ スペシャルチャレンジシート

ある日、私はBちゃんを休み時間に呼んで話をしました。

私は1年生の学年主任という立場でもあり、Bちゃんと気軽に話をできる関係にあったため、ちょうどよい距離感で新たな取り組みを伝えることができると思ったのです。

そこで、「最近バスに泣かずに乗れることが増えてきたこと」をしっかりと褒めた上で、次のシートをBちゃんに見せました。

通称、「スペシャルチャレンジシート」です。（次ページは実際に渡す前のシートの写真）

　「Bちゃんが頑張ろうとしていることを、担任の〇〇先生も渡辺先生も応援しているからね。だから、このがんばりポイントがたまった時は一緒にお祝いしようね。」

　と、声をかけてBちゃんに渡しました。

　そして、「ご褒美はお楽しみ」ということにしてあえて伏せた状態で翌日からの様子を見守ることにしたのです。

　すると翌日、Bちゃんはバスに乗って登校することができました。

　その姿に、バス停のお母さん方から大きな歓声と拍手が沸き起こったそうです。

　そしてBちゃんのお母さんの目には涙が。

　その翌日も、そのまた翌日も、Bちゃんはバスに乗って笑顔で登校できるようになりました。

　先ほども書いた通り、「あともう一息」という感覚はある程度的中していたことがお分かりいただけると思います。

　たった一枚の紙だけで、心の中の天秤がガシャンと傾いたのですから。

　嘘のように思うかもしれませんが、これも紛れもなく本当の話です。

　このスペシャルチャレンジシートこそが、トークンエコノミー法を活用したシートです。

　新たな強化子（ポイント）を作り出すことによって、望ましい行動（バスに乗る）を引き出すことに成功した事例です。

　ちなみにBちゃんは、この後ポイントカードを全て貯め切るところまで元気に登校を続け、それを使い終わった後はトークン表無しで何の不自由もなくバスに乗って登校することができるようになりました。

■ トークンエコノミー法活用のコツ

　それでは、このトークンエコノミー法を活用する際のコツについてお伝えしていきます。

　先ほどのBちゃんの事例で使ったスペシャルチャレンジシートを見てもらえれば、その中に「いろんな工夫」が施されてい

ることが見えてくるはずです。

その第一は、「できそうだという見通しをもたせること」です。

先のチャレンジシートでは、「3 ポイントで小ご褒美」「9 ポイントで大ご褒美」という仕組みになっています。

そして、1 日のうちにもらえる最大ポイントが 3 ポイント。

つまり、ちょっと頑張れば、すぐに小ご褒美に手が届く設計にしたのです。

ちなみに、この「ちょっと」は、B ちゃんにとっては結構大きなハードルです。

何せ、数か月間泣き叫んで乗らなかったバスに乗るわけですから。

だからこそ、ご褒美までに比較的短い期間で行けるように設計したのでした。

これは、簡単すぎてもよくないし、難しすぎても意欲がわかないことは読者の皆さんにもきっと想像がつくはずです。

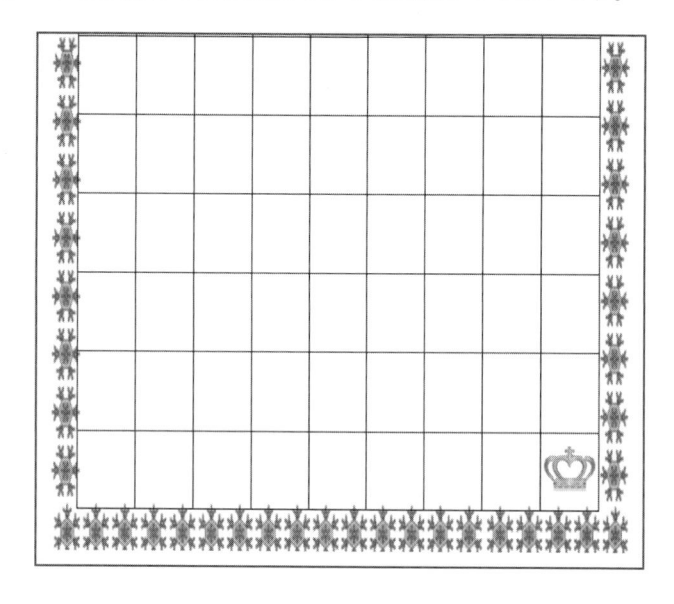

　Ｂちゃんに渡したシートのご褒美までの道のりが、仮にこのような長さだったとしたらどうでしょう。

　「54 回ポイントをためて、ようやくご褒美」となると、達成までの道のりの遠さにやる気が全く起きないという状況が生まれることも考えられます。

　このあたりのさじ加減を調節することによって、「ちょっと頑張ればできそう」「やってみたい」と思わせられるようにすることが大切だということです。

　そして第二のコツは、「適度に気がそれるポイントを作ること」です。

　Ｂちゃんの達成したいターゲット行動は、言うまでもなく「バスに乗ること」です。

　ですが、これを「バスに乗ることで 1 ポイント」だけにしてしまうと、あまりに直球過ぎるのです。

　ここで大切なのが、「シートベルトをしめる」「泣かないで学校につく」などの項目です。

　シートベルトをしめることは、Ｂちゃんにとって何の苦労もありません。

　ただ、カチャンとしめればよいだけです。

　これで 1 ポイントがもらえるのです。

　バスに乗ってしまいさえすれば、簡単に達成できることでしょう。

　泣かずに学校につくことも、結局バスに乗ってしまえば難しくありません。

　Ｂちゃんは、友達と過ごしている時は笑顔で過ごせているのですから。

でも、こうした一見「ものすごく簡単なタスク」や「意外なタスク」を忍ばせておくことで、「バスに乗る」ということだけにフォーカスし過ぎないでよい状態が生まれます。

一点だけに過度に集中してしまうことで、かえって体が強張ったりチャレンジをしにくくしてしまうようなことも起こりうるので、こうした「適度に気がそれるポイント」をターゲット行動と一緒に滑り込ませておくと効果的です。

そして第三に、「ワクワク感」をもたらすことです。

私はこの時、あえてご褒美の内容を「お楽しみ」にしておきました。

1年生くらいの子どもたちは、決まって「ヒミツ」や「ナイショ」や「トクベツ」という言葉が大好きです。

ですから、このシートを渡す時も、

「これはBちゃんと先生のナイショのシートね。トクベツなシートだから他の子にはヒミツ。そして、ご褒美もお楽しみということでナイショにしておくからお祝いできる時を楽しみにしていてね。」

のように声をかけて渡したのでした。

事実、Bちゃんは、「一体何がもらえるんだろう」とワクワクしながらシートを受け取っていました。

実際には「小ご褒美」としてかわいいシールを1枚、「大ご褒美」としてきれいなビー玉を渡したわけですが、つまり「中身」だけでなく「渡し方」にも大切なコツがあることをここでお伝えしたかったのです。

シールもビー玉も、それ自体はほんのささやかなご褒美です。

歯医者さんや病院でも、似たようなトークンシステムを使っているところはいっぱいありますね。

　でも、ただ渡されるだけではなくて「よく頑張ったね」とにっこり微笑みながら手渡されるご褒美は喜びも格別になるということです。

　Ｂちゃんにシールやビー玉を渡す時も、私は小声で

　「今日も乗れたの⁉ 先生びっくりしたなぁ。本当にＢちゃんどんどんかっこよく、たくましくなってきたね。じゃ、これはナイショの特別プレゼント。今日は青色のビー玉だよ。みんなにはヒミツね。本当におめでとう。」

　のようにして、小さな手にビー玉を一つ握らせてあげたのでした。

　Ｂちゃんはそれを嬉しそうに握りしめて、家に帰りました。

　もちろんお母さんには予め伝えてありましたから、Ｂちゃんのシールやビー玉コレクションを見ながら、家でも盛大に褒めてもらうようにしたのです。

　このように、「できそうだという見通し」や「気をそらすポイント」そして大切な「ワクワク感」、このあたりを上手に設計することがトークンエコノミー法のコツです。

■トークンエコノミー法活用事例あれこれ ■■■■■■■

　先ほどのＢちゃんに作ったトークン表は、私が作った一つの事例にすぎません。

　先ほどのコツを踏まえれば、トークンエコノミー法は様々な形に活用できることが分かったはずです。

　いくつかのパターンを紹介していくので、ぜひ目の前のお子さんに合わせてカスタマイズしながら使ってみてください。

〇オーソドックス型

1つの目標に対して1つのご褒美というオーソドックスなタイプのトークン表です。

目標が達成できた時に、スタンプやシールを表に貼っていきます。

スタンプやシールを与える時には、ぜひ「褒め言葉」もセットにして渡しましょう。

そうすることで目標達成へのモチベーションや自己肯定感が高まっていきます。

また、上の例では花の柄のスタンプですが、これを子どもの好きな柄やキャラクターにするのも効果的です。

このオーソドックス型は特に年齢の低いお子さん（学齢期前ごろ）におススメです。

Bちゃんの事例で示したように複数の目標を設けて「気をそらす」ようにトークン表をつくることもありますが、「多いと覚えられない」というお子さんもいます。

シンプルにたった一つのターゲット行動を強化していきたいときは、上記のようなオーソドックス型を活用するといいでしょう。

また、全てのポイントがたまった際の「ご褒美」は、ぜひお子さんと相談して決めてみてください。

こちらが「喜ぶだろう」と思っているご褒美が、その子にとってみればまったく強化子にならない場合もあるからです。

○複数目標型

先ほどのオーソドックス型を少し変え、目標を複数にしたものです。

Bちゃんの事例ではこの表を使いました。

これは「5ポイントたまるごとにご褒美がもらえる例」ですが、「10ポイントごとにご褒美」でももちろん構いません。

大切なのは、トークン表を使う子ども自身が「やれそう」「やってみたい」と思える「さじ加減」に調整することです。

尚、先述したように複数の目標を設定した場合に、「より難しい課題」がある場合は、その項目のポイントを高めに設定することもできます。

例えば、朝の準備が遅れがちな（特になかなか朝ご飯を食べ始めない）ケースであれば

「起きてからの着替えが自分一人でできると1ポイント」

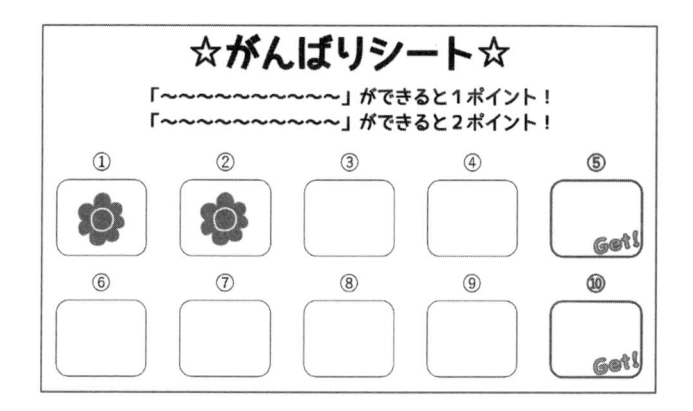

「朝ごはんを 7：30 までに食べ終えると 2 ポイント」

　のようにしておくと「7:30 までに朝ご飯を食べ終えること」への高い動機付けが期待できます。

○具体物型

 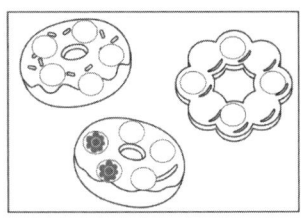

　表自体がご褒美を連想させるトークン表です。

　ドーナツやチョコレートが大好きだった場合など、そのご褒美自体をトークン表にすることで目標達成への動機付けが期待できます。

　「電車に乗ることが大好きな場合」は線路を使ったトークン表にするのもいいですし、「ゲームセンターが大好きな場合」は UFO キャッチャーを使ったトークン表にするのもいいかもしれません。

　「遊び心」があるほど、「ワクワク感」がプラスされて子どもたちの前向きな行動が引き出されやすくなっていきます。

○塗り絵型

　トークン表で与えられるものは「ポイント」でなくても構いません。

　例えば「お絵かきや塗り絵が大好き」で「お父さんと一緒にラーメンを食べに行くことが何よりのご褒美」だった場合には、このようなトークン表のパターンもあります。

☆目標が達成出来たら次の順番に色を塗っていきましょう☆
「ナルト」→「たまご」→「メンマ」→「海苔」
「ネギ」→「チャーシュー」→「麺」→「箸」

　これは「ポイント」を「色を塗る活動」に代替したトークン表です。

　色を塗るという「作業」と、少しずつ絵が完成していく「ワクワク感」などが組み合わさっているため、「イラスト＆ラーメン」が大好きな子にとっては非常に高い効果が期待できるといえるでしょう。

　トークン表を使う子どもが「楽しむ姿」を想像していると、こうした「遊び心」が自然と浮かびやすくなってきます。

○ビンゴ型

　パズルやビンゴが好きな場合にお勧めのトークン表です。

　「〇列ビンゴが達成出来たらご褒美ゲット」のようにすることで、自分で「どの列から達成していこうかな」と過程を楽しみながら進めていくことができます。

　この時に「角」や「真ん中」の要所となるマスに「難しいタスク」を入れることで、自然と「強化子を調整」することも可能となります。

　25マス分の項目を考えるのが大変なことも考えられるので、先ほどの「朝の準備」に苦戦している子どものケースで25マ

ス分を作ってみました。

通常マス（20マス）

① 自分で起きられる

② お父さんに「おはよう」が言える

③ お母さんに「おはよう」が言える

④ 自分で着替えができる

⑤ パジャマをきれいにたたんでしまう

⑥ 言われなくてもご飯を食べ始める

⑦「いただきます」を忘れずに言う

⑧「ごちそうさま」を忘れずに言う

⑨ 食器を自分で下げる

⑩ 自分で歯磨きをする

⑪ 自分で顔を洗う

⑫ ランドセルに勉強道具を入れる

⑬ 鉛筆をけずる

⑭ ハンカチを準備する

⑮ ティッシュを準備する

⑯ 忘れ物が無いかを確認する

⑰ 机の上を片づける

⑱ 本を１ページ以上読む

⑲ 読んだ本を片付ける

⑳「行ってきます！」を言って出発する

要所マス（５マス）

① 　7:30 までに朝ご飯を食べ終える

② 　５日間連続自分で起きられる

③ 　食べ終えた後の食器を洗う

④ 　前の日に宿題を終わらせておく

⑤ 　自分の部屋を掃除してから家を出る

　これらもほんの一例ですが、トークン表はその子の興味や特性、発達段階に応じて設計してよいことや、トークンの頻度や内容にも多様な工夫が施せることをぜひ押さえておいてください。

いいことが「消失」する弱化

　小学生の頃、外遊びが大好きだった私にとって、「休み時間」の存在は何よりも大切なものでした。

　休み時間の開始直前になると、ボールを片手に準備を済ませ、授業の終了を今か今かと待ち構えていた記憶があります。チャイムの一音目が鳴ると同時に、教室を飛び出していくような子どもでした。

　ちなみに、北海道のグラウンドには冬になると沢山の雪だるまが出現します。自分たちで作ったものもありますし、他の学年の子達が作ったものもあります。

　3年生の時、私のクラスの中で、「雪だるまにドロップキック」という遊びが流行ったことがありました。雪のクッションがあるためにどれだけ盛大に空中に身を投げ出しても痛くないのです。その内、自分たちで作った雪だるまだけでなく、他の学年の雪だるまにもドロップキックが浴びせられるようになり、ついには全員で職員室に呼ばれて大目玉を食らうことになりました。そして、何より自分自身にとって痛かったのは、一週間外遊びが出来なくなったことです。あの日以来、私はドロップキックを辞めました。大切な休み時間の消失というペナルティが、私のドロップキック人生を終わらせたのでした。

第六章

モノサシとツールを使いこなせる姿を目指して

■ 使いこなすためのステップを踏もう ▬▬▬

　突然ですが、あなたの目の前を一台の車が走り去っていった
とします。

　車の運転手は、当然ながら「車を運転する」という行動をし
ています。

　ではここで問題です。

運転手は、なぜ車を運転しているのでしょうか。

　　　　　　　　　　　　ここまで読んだ内容を思い出
　　　　　　　　　　　　しながら、いろいろと思い浮か
　　　　　　　　　　　　べてみてください。

　　　　　　　　　　　　実はこの問題、私が今年福井
県の学校で講演をした後、駅まで見送ってくれた方に実際に出
したものなのです。

　その講演会でも、本書の内容と同じように私は行動分析の見
取りのモノサシや基礎的なツールについて説明をしました。

　その上で、帰り道を走りながら「目の前の車（運転手）の行
動を分析してみましょう」と出題してみたのです。

　これは、モノサシやツールがどこまで使いこなせるように
なっているかの一つの実験だと思ってください。

　もちろん、これだけでは情報が少なすぎるでしょう。

　しかし、第3章で伝えた通り、全ての行動には4つの機能
が存在します。

　「車を運転する」という行動の理由も、結局は4つにしか
分かれないということです。

そう、「物や活動を獲得しに行くのか」、「注目や関心を得たいのか」、「感覚的な刺激を欲しているのか」、「何か嫌なものから逃げているのか」のいずれかが当てはまるのです。

「車を運転する」という行動一つとっても、その様子から、または周辺情報からいろんなことが推察できるはずです。

例えば、その車が猛スピードで交通ルールを無視しながら必死に走っていたとしたらどうでしょう。

さらにその後ろを、パトカーがサイレンを鳴らしながら追いかけていたら、これはもう確定ですね。そう、運転手は逃げているのです。【逃避】

ABC分析に当てはめるとこうなります。

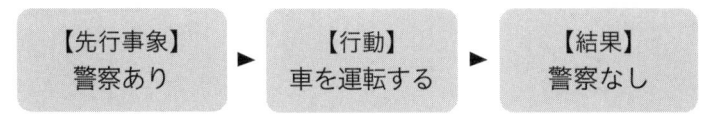

【先行事象】 警察あり	▶	【行動】 車を運転する	▶	【結果】 警察なし

追跡を逃れて、警察がいなくなるところまで逃げるために運転をしているのです。

では別のパターンとして、その運転手がコンビニで止まり肉まんを5個買って食べたとしたらどうでしょう。そう、運転手は肉まんが食べたかったのです。【獲得】

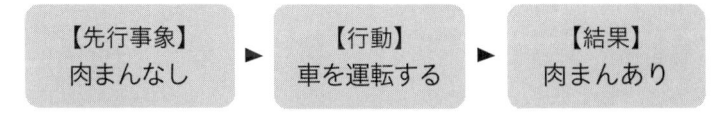

【先行事象】 肉まんなし	▶	【行動】 車を運転する	▶	【結果】 肉まんあり

更に別のパターンとして、その車が派手なオープンカーで、運転手が片手ハンドルで髪をかき上げながら道行く女性に手当たり次第に投げキッスをしていたらどうでしょう。

そう、運転手は女性からの熱い視線や「キャー素敵！」が欲しかったのです。【注目】

| 【先行事象】 | | 【行動】 | | 【結果】 |
| 熱い視線なし | ▶ | 車を運転する | ▶ | 熱い視線あり |

では、その運転手が自宅を出てから 30 分ほど運転をして、どこにも寄らずにそのまま帰宅したとしたらどうでしょう。

実はこのパターンは私自身が実際に行うのですが、考えをまとめたり、アイディアを生み出したい時に、気分転換に 30 分ほどドライブすることがあるのです。

運転をしている時の適度な振動と緊張感が、思考を巡らせるのにぴったりだからです。

これは、運転をすることによって自分に快刺激を入力していることが分かります。【感覚】

| 【先行事象】 | | 【行動】 | | 【結果】 |
| 振動なし | ▶ | 車を運転する | ▶ | 振動あり |

このように見てみると、「車を運転する」という行動は同じでも、そこに宿っている機能は様々なパターンがあることが分かります。

私は、日常生活の中で、ふとこのような機能分析や行動の見取りを行うことがあります。

変な癖というわけではなく、「行動を見取ること」はもはや自分の仕事における片腕のような存在なので、普段からトレーニングを兼ねて気軽に遊んでいるということです。

福井県で見送ってくれた方々とは、車内でこんな遊びをしながら駅までの道中を楽しんだというシーンがありました。

ここまで行動の背景や目的を推測する「見取りのモノサシ」

に加えて、行動分析学の基礎的なツールである「ABC 分析」と「トークンエコノミー法」について紹介してきました。

　手に入れた知識やツールは、実際に使って幾度も試してみながら、最終的にはスイスイと使いこなせるようになることでさらにその効果をハッキリと実感できるようになります。

　そこで最後の本章では、ここまでの内容を「使いこなす」ためのポイントについて解説していきます。

■ 目的をもって「量」を経験しよう

全ての学習には、「5 段階のレベル」があると言われます。

1．無意識的無能（知らないしできない）
　　あることに関して何も知らず、知らないということさえも知らない状態。
2．意識的無能（知っていてもできない）
　　あることに関して知識を得ましたが、それを実践するこ

とはできない状態。

3．意識的有能（意識するとできる）
あることに関してある程度できるようになってきましたが、まだ習慣化されておらず、それを行うためにはある程度の集中力が必要な状態。

4．無意識的有能（意識しなくてもできる）
意識しなくても自動的にあることを実践することができている状態。

5．無意識的有能に意識的有能（どこからでも教えることができる）
無意識的に行っていることを、意識して人に教えることができる状態。

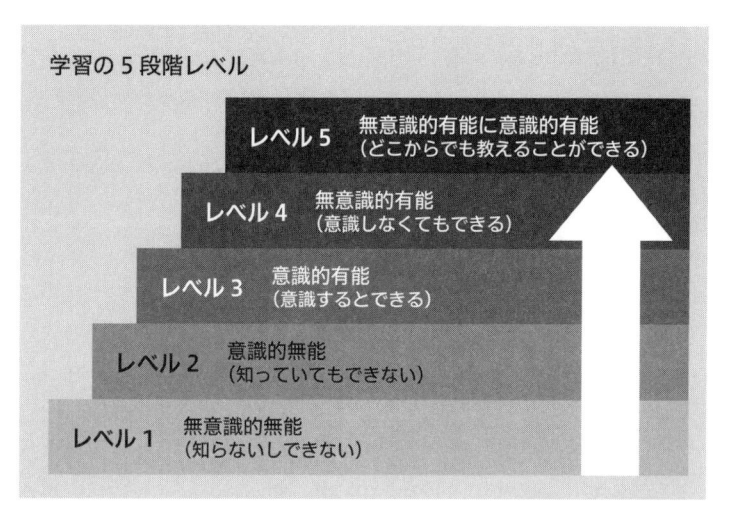

学習の5段階レベル

レベル5	無意識的有能に意識的有能 （どこからでも教えることができる）
レベル4	無意識的有能 （意識しなくてもできる）
レベル3	意識的有能 （意識するとできる）
レベル2	意識的無能 （知っていてもできない）
レベル1	無意識的無能 （知らないしできない）

本書で紹介してきた「見取りのモノサシ」や「行動分析学のツール」も同じです。

初めは誰もが、「知らないしできない」状態からのスタート

です。

そして、新たな知の扉を開いた瞬間から、学びの第一歩がスタートします。

私もそうでしたが、初めて行動分析学に出会った時は、今まで見えなかった世界が開けた感覚で、感動にも似た喜びが湧いてきました。

しかし、それをスムーズに使えるようにするためには、一定の練習が必要でした。

先のAくんの事例などは、まさにその過渡期で行っていた記録です。

今読み返してみると、当時の記録の書き方には反省が山ほどありますが、少なくともこうした「量」を経験することによって、着実に見取りの精度は上がっていきます。

そうした「量」をくぐる上で一歩目にふさわしいのが、この「行動記録」です。

ですから、気になる子どもの行動を見かけたら、まずは深く考えずに見たままを記録するところから始めてみてください。

ABC分析やトークンエコノミー法についても同様で、まずは「あの子の不適応行動を改善に向かわせてあげたい」などの明確な目的をもった上で、トライ＆エラーを繰り返しながら使い続けてみることをお勧めします。

そのように目的を持ちながら試行錯誤を重ねることで、見取りのモノサシの精度が高まっていくことを実感できるはずです。

■ 目標は少しずつ引き上げること

　記録を取っていくと、自然と「もしかしたらこの行動は〇〇の為にしているかもしれない」という仮説が立ち始めるはずです。

　特に「何度注意しても直らない」「その状態がずっと続いている」「改善するどころかエスカレートしている」などの場合は、何らかの要因（強化子 or 弱化子）によって行動が習慣化されている可能性が高いです。

　その時は、目先を変えて仮説を立ててみましょう。

　冒頭のジャンタイさんの例などが分かりやすいですが、「注意を受ける」というかかわり自体がその子の行動を強化してしまっている場合もあるからです。

　「ここまで〜〜の方法でやってきたけれど効果が見られないから、次の方法を試してみよう」というスタンスで大丈夫です。

　あくまで「仮説」なのですから、違っていた場合は別の仮説を立てて試してみればよいだけなのです。これこそが「試行錯誤」ですね。

　そして、行動改善を図る時には「何らかの目標」も立つはずです。

　第４章で紹介したAくんの事例では、転校初日から３日目まで「挨拶ができなかった」ことが分かると思います。

　それどころか「なんでそんなん言わんといけんの。」と反発気味に返すくらいでしたから、「これは時間がかかるな」と当時の私は直感したことを覚えています。

　そして、まずは一歩ずつ進んでいくことを決め、当面の目標を「挨拶をされたら返す」ことにしたのです。

　最終的には、「自分からいろんな人に挨拶ができる姿」を思い描いていましたが、Ａくんにとってこれはハードルが高すぎます。

　「私（教師）からの挨拶に返す」ことができたら、「友達からのあいさつに返す」。

　「友達からのあいさつに返す」ことができたら、「それを〇日間続ける」。

　このように、行動改善を図る時には目標を少しずつ引き上げることが大切です。

　高すぎるハードルを要求することは、行動改善を生むばかりか、さらなる不適応行動を生み出してしまうことさえあるからです。

　ちなみに、読者の皆さんは、子どもから「なんで挨拶ってしないといけないの？」と聞かれたらどのように答えるでしょうか。

　小さいころから、大人たちは口をそろえて「あいさつが大事」と言いますが、「なぜ？」と言われると答え方に迷う人もきっと多いでしょう。

　Ａくんだけでなく、私が担任した子どもの中には、「挨拶ができない」子たちが一定数いました。

　だからこそ、「なぜ？」という部分に明確に答えられるようにしたいと思ったのです。

　その趣意の語り方は拙著「心を育てる語り」（東洋館出版 2022 年）に載せたので、興味のある方はぜひ覗いてみてください。

　挨拶における行動変容を生み出すために私は何冊も本を読み、何年も「試行錯誤」を重ねながらたどり着いた「最も子どもたちの挨拶の変容を生み出しやすい語り」を紹介しています。

もちろん、語りや説明などをせずに挨拶における行動変容を生む方法もあります。

　これも別の拙著「生徒指導の『足並みバイアス』を乗り越える」（学事出版 2022 年）から引用する形で紹介します。

　特に何の説明もせずに、次の表を拡大して印刷し、教室に貼り出してみてください。

　これは、私が作成した「挨拶級表」です。

あいさつ級表

10級	あいさつを返すことができる
9級	自分から先にあいさつできる
8級	ハリのある声であいさつできる
7級	笑顔であいさつできる
6級	相手の目を見てあいさつできる
5級	相手の名前を呼んであいさつできる
4級	9〜5級の全てを合わせたあいさつができる
3級	1日に10人以上に4級のあいさつができる
2級	1日に20人以上に4級のあいさつができる
1級	1日に30人以上に4級のあいさつができる
初段	どこでも誰にでも4級のあいさつができる
2段	初段の状態を1か月継続できる
3段	初段の状態を3か月継続できる
師範代	初段の状態をずっと継続できる

・下の級（段）が達成出来て初めて上の級（段）に進める
・1か月ごとに投票にてあいさつMVPを3名決定し表彰する
・表彰者にはメダルと賞状が授与される

　教室に貼り出すだけで、何人かの子どもたちが嬉々として動き始めます。

　貼り出してから数日経ったところで、「今何級？」と確認してもいいですね。

段のところまで進んできた子たちを、いきなり「表彰」してもいいかもしれません。

貼り出して、確認し、表彰するだけで、多くの子たちが前向きに挨拶に取り組むはずです。

実は、この級表が生まれたきっかけを作ってくれたのも、Ａくんでした。

「挨拶をするのは当たり前」のように粗く指導するのではなく、「目標を少しずつ引き上げる」形で進んでいけると、行動の変容はますます加速していくようになります。

■ 自分だけの強化子を強化しよう

記録を取り、仮説や目標を立て、子どもたちの「望ましい行動」の芽吹きが生まれてきたときに大切なのが、本書で再三伝えてきた「強化」です。

何らかのいいことやメリットがあるからこそ、その行動が定着し、習慣化されていきます。

Ａくんにとってみれば、「挨拶をする」ことにメリットを感じなかったからこそ、「なんでそんなん言わんといけんの」状態になっていたのでしょう。

だからこそ、最初の行動改善の芽吹きが生まれた時には、力強く強化してあげることが大切です。

４日目にＡくんが初めて挨拶を返すことが出来た時。

私は、「やったねー！初めて挨拶できたね！おめでとう」と満面の笑顔で褒めたのでした。

Ａくんは、ニッコリ嬉しそうな様子でした。

もしかしたら、人生で初めて「挨拶のよさ」を感じた瞬間だったのかもしれません。

　以降、「挨拶をされたら返す」行動は定着していき、9日目にはついに「自分から挨拶」ができて、12日目には「友達3人に自分から挨拶をする」ことができるようになりました。

　そう、我々がいつどんな時でも使える自分だけの強化子は「褒める」というかかわりです。

　この強化子は、磨きに磨いておくことをお勧めします。

　あなたの「褒める」というかかわりが、その子の行動改善を強化する何よりの後押しとなるからです。

　ちなみに「褒める」というかかわりは、ちょっとした心がけで一気にレベルアップを図ることが可能です。

　以下、大切な4つのポイントを紹介します。

【即時性】対象となる行動のすぐ後に褒める

　昨日のことや1週間前のことを褒められても、相手はピンときません。

　褒めるのは、その行動のすぐ後に褒めることが大切です。

　先にも紹介したように、行動を起こして60秒以内に肯定的なフィードバックがあるとその行動が増える（強化）と言われています。

　理想は、間髪入れず、です。

　即時に褒めることで、望ましい行動が強化されていきます。

【明示性】褒めることをしていると相手に明確に伝える

　せっかく褒めているのに、相手にその真意が伝わっていないケースは結構あります。

例えば、視線も合わせず無表情でボソボソと伝えられても、効果は半減どころか無いに等しいです。

視線を合わせ笑顔で力強く褒めることで、相手は「褒められた！」と感じます。

特に大切なのが、「笑顔」です。

特に発達の凸凹の大きい子どもは、相手の笑顔を認識しにくいといいます。

笑っているかどうかのポイントとなるのは、「歯」です。

歯が見えることで、どの子も「あの人は笑っている」と認識できます。

また、「目の動き」も重要です。

褒めるのが上手な方は、目の周りにある「眼輪筋」がよく動きます。

見開いて驚いたり、細めて喜んだり、眼輪筋がよく動くと子どもたちは癒しと喜びを感じます（脳内でセロトニンという癒しの物質も分泌されると言われています）。

【具体性】行動内容を具体的に褒める

例えば「授業中の発言」を褒めたとしても、褒め方があいまいだと何が良かったのかよく分かりません。

例えば、発言の内容なのか、言い方なのか、タイミングなのか…。

内容なら、鋭かったのか、詳しいのか、視点が新しいのか、面白いのか、客観性があるのか、意外性があるのか …。

言い方なら、力強かったのか、端的だったのか、丁寧だったのか、冷静だったのか…。

などなど、ボンヤリとあいまいに褒めるのではなく、行動の

「何」を褒めているのかを可能な限り具体的に褒めると、肯定的なメッセージがクリアに伝わっていきます。

Ａくんの挨拶の例なら「挨拶が返せたね」「自分から言えたね」「3人にできたんだね」と具体的に伝えることが大切だということです。

【多様性】様々なやり方で褒める

「すごいね」という言葉一つでも、いろんな言い方があります。

端的に「すごい！」と言ったり、うなるように「うーんすごい」と言ったり、「すごーい！」と飛び上がるように言ったり、「すごい…」と言葉を失うように言ったり。

言葉の種類も、様々なパターンがありますね。

お客様にぴったりのワインを選び勧めるソムリエは、"700種類"もの言葉を駆使してワインを褒めたたえるといいます。

あの赤や白の液体を、「芳醇な香り」とか「ルビーのような輝き」とか「心地よい苦み」など様々な言葉を使って褒めるのです。

「いろんな言い方で褒めてみようかな」と少し意識するだけで、褒めるかかわりの効果はますます高まっていくでしょう。

他にも、表情や仕草、どんな場で褒めるか、直接的に伝えるか間接的に伝えるか、個人に対して伝えるかチームに対して伝えるか、など「褒めの多様性」はいろんな角度から生み出すことが可能です。

相手の性格や行動や役割に合わせ、ピッタリの方法は何かを瞬時に引き出せる人が「褒め方のプロ」なのだろうと思います。

まとめます。

すぐに、明確に、具体的に、いろんなパターンで

このように褒めることを意識することで、あなたの「褒める」という強化子はどんどん磨かれていくでしょう。

私自身もこれまでに学級崩壊のクラスや、たくさんの不適応行動が常態化している子どもたちにかかわってきましたが、周りを見渡しても「行動改善を生み出しやすい人」は例外なく「褒め上手」でした。

それは、その人の「褒める」という強化子の効果が高いことを物語っています。

いつでもどこでも使える「褒める」という強化子を磨くことで、望ましい行動の芽はさらにぐんぐんと伸びていくことでしょう。

■ 挫折した時の対処の仕方を学ぶ

せっかく望ましい行動の芽が出てきたのに、ある日「元の不適応状態」が再び出てきてしまうこともあります。

「おもちゃ売り場で「買ってー！」と泣き叫んでいた女の子」の例を思い出してください。

「適切な音量と言葉で相手に伝える時以外には買わない」を徹底したことにより、おもちゃ売り場での泣き叫びが無くなったなぁと安心している段階で、不意にその女の子の「泣き叫び」が再発することがあります。

これを、専門的な言い方で「自発的回復」と言います。

　消去バーストと同じく、「消去」のかかわりの中で往々にして見られる状態です。

　この時に、「ここまでしばらくの間ルールを守れていたから少しぐらいいいか」のような判断でおもちゃを買い与えると、再び「泣き叫ぶ」という行動が強化されてしまいます。

　ですから、ルールにのっとっておもちゃは買い与えずに売り場を後にするのが正しい判断ですね。

　そして、大切なのがこの後です。

　泣き叫びを再び行ってしまった女の子を家に連れて帰ってから、どのように関わればいいかということです。

　先のＡくんの事例でも「他害行動」や「立ち歩き」などが、一度でピタリとなくなったわけではなく、少しずつ減ったりまた増えたりする中で徐々に「消去」がなされていきました。

　提示したルールや、目指している目標に向けて行動改善を図っている時には、このように「3歩進んで2歩下がる」状態が起きるのが自然です。

　そうして、じっくり進んでいく中で、望ましい行動がしっかりと根を下ろし定着していくのです。

　ですから、不適応行動が再発した時には、シンプルに「確認」をするといいでしょう。

　「こういう時はどうするんだったっけ？」と聞いてあげてればいいのです。

　それを言葉にして言えたら、「そうだったね。よく思い出せたね。次はそうするんだよ」でいいでしょう。

　忘れていた場合は、再度「こういう時は、こうするんだよ」と教えてあげるとよいです。

そして、またできた時に即座に強化をする。

この繰り返しです。

あらかじめ教えてできた時に褒める。

できなかった時は再び確認をする。

望ましい行動が定着する基本形は、ここに凝縮されると考えています。

そして、つまずいた時にもう一つ大切なのが、「できる所まで戻る」という考え方です。

目標に対してある程度やってみたところで、できそうにないのであれば、目標を少し下げたり、一つ前の段階に達成できたゴールに再チャレンジして技能をもう一度磨くなど「目標の調整」を適宜行うことが必要であるということです。

できそうにないときは、目標を再調整する。

目標に対してなかなか行動の芽吹きが見られない時は、関わっている大人の方が意気消沈してしまうことも少なくありません。

ですが、大人だってそんなに簡単に行動を変えられないのですから、子どもも同じです。

できない時は、再度確認したり、目標を再調整してもよいと考えることで、お互いにより良い精神状態で行動改善への道を進んでいくことができるようになります。

■ 即興的に使える姿を目指して

　ここまで幾度か触れてきましたが、私は現在、国内や海外の各地を回りながら「飛び込み授業」を行っています。

　回数にすると、年間でおよそ 30 回くらいでしょうか。

　そのたびに、各地で初対面の子どもたちに授業をすることを繰り返しているわけですが、その中でも子どもたちは様々な行動を起こします。

　中には、参観している方々がギョッとするような不適応行動を起こすことも決して少なくありません。

　その時、当然ですが私は行動の記録を取る時間的な余裕はありません。

　詳細に分析をしたり、仮説を立てる間もないということです。

　ある時、飛び込み授業をしている時に、クラスの内の一人の子どもが授業の流れとは全く関係のない不適切な発言をして場を凍り付かせたことがありました。

　その子の様子を見て、私は瞬間的に「取り合わない」ことを選択しました。

　簡単に言うと、スルーしてそのまま授業を続けたのです。

　専門的な言い方では「ポジティブノーリアクション」ともいい、不必要な刺激を与えないためにあえてリアクションを取らないという対応です。

　その後、場を凍り付かせた発言をした子は、別の場面で場のルールにのっとった発言をしました。

　私はその時に「いい意見だねぇ！」と力強く褒めました。

　それ以降は、その子は不適切な発言ではなく、授業の中身に正対した意見を連発するようになりました。

その飛び込み授業を終えた後、参観者の方から質問があがりました。

「あの子の（凍り付かせる）発言にどうして取り合わなかったんですか？」

「特に指導もしていないのに、あの子はどうしてルールを守るようになったんでしょう？」

そこで私は答えました。

> その子の様子を見ていて、瞬間的に「注目」を得るための発言だと判断したこと。
>
> 注目を得たいのだから、ここに取り合うと「注目」という機能を満たしてしまう。
>
> すると、その子は注目を得るために不適切な発言を繰り返す可能性がある。
>
> だから、その時はポジティブノーリアクションで取り合わなかった。
>
> そして、その場のルールにのっとって発言が出来た時に、「注目」を満たした。

このように回答をしたところ、質問された人は非常に驚いていましたが、本書をお読みになった方なら、そのロジックが分かるのではないかと思います。

そして、私がこのように全国各地や海外でも飛び込み授業を安心して行えるようになったのは、数限りない分析や仮説や試行錯誤を繰り返してきたからこそなのです。

AくんやBちゃんをはじめ、たくさんの子たちが教えて磨いてくれた「見取りのモノサシ」が、瞬間的に体を動かしてくれ

る。そのような感覚を覚えています。

　冒頭の、ジャンタイさんからの問いに私がラジオで即興的に答えられたのも、たくさんの子どもたちが教えて磨いてくれた学びがギュッと詰まっているということです。

　本書をお読みになった方も、そうした地道な一歩を重ねることによって、いつしか「瞬間的に体が動く」体験を得られるようになることと思います。

　その姿を目指して、一歩一歩「見取りのモノサシ」を磨いていってください。

　そうそう、冒頭に紹介したジャンタイさんから、後日素敵なお手紙が届きました。

　こちらのお便りを紹介して本書を締めくくります。

　渡辺道治様

　お世話になります。福岡県のジャンタイです。「息子が妻をたたく行動にどう向き合えばいいのか」という質問に対して、心のこもった回答を送ってくださりありがとうございました。また、佐賀の講演では熱いメッセージを届けてくださりありがとうございました。渡辺先生との熱い握手の感覚は今でも鮮明に思い出せます。

　先日佐賀で直接お話させていただいたこととも重なるのですが、渡辺先生からアドバイスをしていただいたことを元に実践をすると大きな変化が起きました。息子が妻をたたいて "気を引き続ける" 行動がゼロになったのです。一気にゼロです。とんでもない結果です。

　息子も思わず妻をたたいてしまうことは今もあります。

しかし、たたき続けるということがなくなったわけです。我が家では「たたいてしまった時は3分間母親から離れる」ということを約束して実施し続けました。

　はじめは嫌がって泣き続けていたのですが、3回目くらいだったでしょうか。私がだまって息子を別室に連れていくと、息子は「パパ？○○がママをたたいたから、○○は3分間ママに会えないの？」と泣かずに冷静に言いました。私は「そうだよ。3分間はここにいようね。」と言って2人で過ごしました。3分間のタイマーが鳴り、息子は妻のところに走っていきました。すると息子は「ママ、ごめんなさい」と自然に言っていました。微笑ましい瞬間でした。また、時にはこんなやりとりをしながら過ごしました。

　「○○、本当はママと遊びたかったの？」

　「うん」

　「○○、パパとママが2人で楽しそうに話していたからさみしくなったの？」

　「うん」

　「そうか、そういう時は『ママ、○○はママと遊びたい』とか『ママ、○○ともおしゃべりしてほしい』って言えるといいね。ちょっとここで練習してみようか。」

　「うん、やってみる」

　そのころから、妻をたたき続ける行動がゼロになりました。

　息子は「言葉で気持ちを伝える」ということをだんだんとできるようになりました。一生懸命自分の言葉で伝える息子とそれにしっかり向き合って会話をしていく母親。その姿はたくさんの笑顔を生み出します。本人だけでなく、

周りも笑顔になります。なんて幸せな瞬間だろうかと思う日々です。動画を撮影しすぎて、スマホのデータ容量が心配になるほどです。

　今回の出来事によって思わぬ副産物となったのが「気持ちを言葉で伝える価値」でした。息子が一気に成長した感覚さえあります。言語の敏感期であることも重なっているかと思いますが、母親の温かい関わりによって生まれる会話。日々進化し続ける息子の言葉。その成長ぶりに日々エネルギーをもらっています。日々の言葉のやりとりが良い循環を生んでいるような気がします。

　渡辺先生に質問をする前は、妻が「痛いよ、ママ悲しいよ。」という言葉で、相手の気持ちになって考えてほしいというようなメッセージを送り続けていました。まるで小学生の道徳です。「相手の痛みを感じられる子になってほしい」という願いはこれからも持ち続けていきたいですが、今回の出来事をきっかけに、発達段階に応じた言葉かけが必要であると思い直しました。むしろ、そんな大切なことになぜ今まで気づかなかったのだろうとも思いました。

　もしもあのまま親の願いを伝え続けるだけの対応をしていたとしたら…。と思うとぞっとします。渡辺先生の言葉によって、私達の対応が変わりました。そのことで息子の行動が変わりました。逆を言うと、私達が変わらなかったら息子の行動は変わらなかったかもしれないということです。それどころか、「たたく行為」に対して慣れが生じてしまったり、私達が「この子はすぐにたたいてしまう子だ」という誤った見方をしてしまったりしていたかもしれません。あのまま、私達が息子を「諭すだけ」の対応を続けて

いたとしたら、息子はたたくことをやめられず、自分の行動を否定され続け、やがては自己肯定感の低い子どもになっていたかもしれません。

　渡辺先生の多方面にわたる膨大な知見を元に生み出された言葉は、私達夫婦を救っただけでなく、息子の将来までも救ってくれたのだと思っています。改めて感謝を申し上げます。ありがとうございました。

　子育ては、子の実態に合わせて考えなければならない。それはわかっています。子育てに明確な答えがない。そういう考えがあることもわかっています。しかし、その言葉はある種の逃げであるのではないかと思い直しました。「それぞれ違うからね～」その言葉は、時に救いとなりますが、「それぞれ個性があるから方法をあれこれ考える必要はない」という思考停止を生み出すおそれのある言葉でもあると思うのです。

　不適切な行動を「減らす」ことや望ましい行動を「増やす」ことにおいては、確かな方法論が存在するということが、今回の出来事ではっきりとわかりました。QAセミナーで紹介された応用行動分析学に関する3冊の書籍を私も夏休み中に読みました。そこには行動を科学的に分析することで、見えない世界を見るための「たしかな物」が得られるというようなことが書かれていました。まだ私はその「たしかな物」についてすぐに回答できるほど技能化できていないのですが、これからも学び続けたいと思います。なぜなら、学ぶことで見えなかった世界が見えてくる実感があるからです。

　今も子育てに奮闘中です。最近どうすればいいのか悩ん

だのは、外遊びからなかなか帰れない問題です。「夕食前にお風呂に入らせたい」というのは大人の都合です。息子が納得する形でどのように声をかけていけばいいのか。あるいは生活リズム自体をどう見直せばいいのか。先日は、外遊びからなかなか帰れない我が子に対して「たしかな物」がぱっと出てくることがなく、スマホの動画を３分見せるというごほうびを使って息子を自宅の中に連れて行ったことがあります。安易に動画を使ってしまった自分に残念な気持ちになりました。ここにもたしかな方法論は存在するはずです。

だから学ぶことは楽しい。「足りない」ものが少しずつ満たされていく感覚が心地よい。満たされたとしても、新しい「足りなさ」が出てくることもまた楽しい。

学ぶことは家族全員の笑顔を生み出したり、学校の子ども達の笑顔を生み出したりすることにつながります。そして何より、私自身の笑顔につながります。幼いときには「やりたくないけれどさせられていた」勉強でしたが、いつのころからか、「やりたくてやっている」勉強へと変わっています。こういう自分自身の体験は、いつか息子に話したいなと思いました。

質問をしたときには「なんとかたたき続ける行動を止めたい！」その気持ちひとつでした。「たたき続ける行動が止まればいい」そう思って実際にやってみました。結果的にはその行動は減りました。しかし、得られたのはその結果だけではなかったのです。見えないものを見るための「たしかな物」。人それぞれだからという言葉で逃げることなく、「方法論を模索していくことの価値」。息子が得た「言

葉のチカラ」。そして「家族の笑顔」。

　私にとっても家族にとっても「人生の宝」となるものをたくさんプレゼントしてくださった渡辺道治先生、本当に感謝しています。ありがとうございました。

　朝晩冷え込む季節となりました。福岡は気持ちの良い気温ですが、北海道はもはや真冬の寒さではないかと想像しています。ご自愛下さい。

　秋深まる気持ちの良い朝に、チューニングラジオで心を整え、息子と妻の寝顔を見て仕事へ出発するひと時を楽しみながら。

2024.10.31 福岡県 ジャンタイ

おわりに

　私は、約20年間に渡る教師人生の中で、いわゆる「学級崩壊」と呼ばれる状態のクラスを幾度も担任してきました。

　それらのクラスには、本書で扱ってきた、いわゆる「不適応行動」を繰り返している子どもたちが数多く在籍していました。

　一体どのように対応すれば行動が改善されていくのか。

　長年続いてきた"荒れ"を乗り越えるのは不可能なのか。

　数々の不適応行動に向きあいながら、葛藤し続けました。

　そうした中で、一筋の希望の光を見せてくれたのが、応用行動分析学でした。

　子どもたちは、何を目的として行動しているのか。

　どのような条件下で、不適応行動を起こすのか。

　そうしたことが、学びを深める中で少しずつクリアに見えてくるようになってきたのです。

　同時に、「不適応」を生んでいるのは、学校側の硬直した仕組みや教員側の理解の少なさによるものであるケースが多数あることも感じるようになりました。

　その場のルールやシステムに合わずにはみ出した時に、「不適応」が生まれるのです。

そのことに気づくようになってから、私は以前よりもずっと子どもたちの姿が可愛らしく感じられるようにもなりました。

　どの子だって、本当は認められたいし、励まされたいし、愛されたいのです。そういう人生を歩みたいと心の底では思っているのです。けれども、その思いを発露することができずに、「不適応行動」という形を選択せざるを得ない状態が続いていることが分かってきました。

　そうした「見取りのモノサシ」が多くの学校現場や教育に携わる人に広まっていくことを願って書いたのが本書です。

　タイトルにもある通り、本書は「はじめの一歩」です。

　応用行動分析学の知見を網羅するものでは決してなく、「はじめの一歩のきっかけになれば」との思いで執筆しました。

　私自身も現在、兵庫教育大学・大学院にて臨床心理学を専攻しながら応用行動分析学についてさらに学びを深めているところです。本書をお読みくださった皆さんが、もし「二歩目三歩目を踏み出したい」と願った時に、次なるステップの書籍を執筆することができるように、私自身も読者の皆さんと共に応用行動分析学を学び続けていきたいと思います。

2024 年 12 月 10 日
新雪の降りしきる北海道東川町の書斎にて

教え方の学校主宰　渡辺道治

著者紹介

渡辺道治（わたなべ・みちはる）

通算500回以上の講演活動、福祉施設や医療施設での演奏活動、書籍・雑誌・新聞等の執筆活動を展開する。ユネスコやJICAによるアジアを中心とした国際交流事業や、初等教育算数能力向上プロジェクト（PAAME）においてアフリカの教育支援にも携わるなど内外において精力的に活動中。2023年からはアメリカ・ダラス補習校の学習指導アドバイザーにも就任。著書に『心を育てる語り』（東洋館出版）、『教師の対話力』（学陽書房）、『学習指導の「足並みバイアス」を乗り越える』（学事出版）他多数。2024年から「教え方の学校」を主宰。

特別支援がガラッと変わる
「見取りのモノサシ」
応用行動分析学はじめの一歩

学芸みらい社

2025年1月30日　初版発行
2025年2月20日　第二版発行
2025年3月20日　第三版発行

著者	渡辺道治
発行者	小島直人
発行所	株式会社　学芸みらい社

〒162-0833 東京都新宿区箪笥町31番 箪笥町SKビル3F
電話番号 03-5227-1266
https://www.gakugeimirai.jp/
e-mail：info@gakugeimirai.jp

印刷所・製本所	株式会社ディグ
企画	阪井一仁
校正	藤井正一郎
イラスト	ネコ先生
装丁・本文組版	児崎雅淑（LiGHTHOUSE）

ISBN 978-4-86757-072-2 C3037